Faça como
Warren Buffett

Faça como
Warren Buffett

Descubra os princípios de gestão
do maior investidor do mundo

Mary Buffett & David Clark

Tradução
Thereza Christina Rocque da Motta

ALTA BOOKS
E D I T O R A
Rio de Janeiro, 2021

© 2021 Starlin Alta Editora e Consultoria Eireli.
© 2009 Mary Buffett and David Clark/Scribner, a Division os Simon & Schuster, Inc.
Todos os direitos reservados.
Tradução para a língua portuguesa: copyright © 2010, Texto Editores Ltda.
Título original: *Warren Buffett's management secrets: proven tools for personal and business success*

Tradução: Thereza Christina Rocque da Motta
Preparação de texto: Flávia Yacubian
Revisão: Beatriz de Freitas Moreira
Diagramação: S4 Editorial
Capa: Osmane Garcia Filho
Produção editorial: Texto Editores Ltda. - CNPJ: 34.942.671/0001-93

Erratas e arquivos de apoio: No site da editora relatamos, com a devida correção, qualquer erro encontrado em nossos livros, bem como disponibilizamos arquivos de apoio se aplicáveis à obra em questão.

Acesse o site **www.altabooks.com.br** e procure pelo título do livro desejado para ter acesso às erratas, aos arquivos de apoio e/ou a outros conteúdos aplicáveis à obra.

Suporte Técnico: A obra é comercializada na forma em que está, sem direito a suporte técnico ou orientação pessoal/exclusiva ao leitor.

A editora não se responsabiliza pela manutenção, atualização e idioma dos sites referidos pelos autores nesta obra.

DADOS INTERNACIONAIS DE CATALOGAÇÃO NA PUBLICAÇÃO (CIP)
(Câmara Brasileira do Livro, SP, Brasil)

Buffett, Mary
 Faça como Warren Buffett : descubra os princípios de gestão do maior investidor do mundo / Mary Buffett & David Clark ; tradução Thereza Christina Rocque da Motta. – Rio de Janeiro : Alta Books, 2021.

Título original: *Warren Buffett's management secrets: proven tools for personal and business success.*

ISBN 978-65-5520-751-4

1. Administração de empresas 2. Sucesso 3. Sucesso em negócios 4. Tomada de decisão I. Clark, David. II. Título.

10-13395   CDD-650.1

ÍNDICE PARA CATÁLOGO SISTEMÁTICO
1. Sucesso em negócios : Administração de empresas :   650.1

Rua Viúva Cláudio, 291 — Bairro Industrial do Jacaré
CEP: 20.970-031 — Rio de Janeiro (RJ)
Tels.: (21) 3278-8069 / 3278-8419
www.altabooks.com.br — altabooks@altabooks.com.br

Para Sam e Dexter

SUMÁRIO

Introdução — xi
Apresentação: Faça como Warren Buffett — xiii

PRIMEIRO PASSO   ESCOLHA BEM SEU TRABALHO   1

CAPÍTULO 1	Como encontrar o tipo de empresa que oferece as melhores oportunidades de carreira	3
CAPÍTULO 2	Três testes rápidos para identificar a melhor empresa onde trabalhar	9

SEGUNDO PASSO   DELEGAR AUTORIDADE   15

CAPÍTULO 3	Regras para delegar autoridade	17

TERCEIRO PASSO   ENCONTRE O ADMINISTRADOR CERTO PARA O CARGO   21

CAPÍTULO 4	Onde Warren começa a procurar o administrador certo	23
CAPÍTULO 5	Vencedor ou vítima? O segredo de Warren para descobrir um líder	27
CAPÍTULO 6	Trabalhe naquilo que ama	29
CAPÍTULO 7	Monte a melhor equipe de vendas	31
CAPÍTULO 8	Obsessão	33
CAPÍTULO 9	O poder da honestidade	35
CAPÍTULO 10	Custos administrativos	37

CAPÍTULO 11	Tenha uma visão de longo prazo	39
CAPÍTULO 12	Como fixar salários	43

QUARTO PASSO	**MOTIVE SUA FORÇA DE TRABALHO**	**45**
CAPÍTULO 13	Cause uma boa primeira impressão	47
CAPÍTULO 14	O poder do elogio	49
CAPÍTULO 15	A reputação do poder	51
CAPÍTULO 16	Os perigos da crítica	53
CAPÍTULO 17	Como vencer uma discussão	59
CAPÍTULO 18	Ouça as vontades e necessidades do outro	63
CAPÍTULO 19	Encoraje as pessoas a produzir as ideias certas	65
CAPÍTULO 20	Todos cometem erros – admita isso!	69

QUINTO PASSO	**ARMADILHAS, DESAFIOS E OPORTUNIDADES DE APRENDIZADO NA ADMINISTRAÇÃO**	**71**
CAPÍTULO 21	Os perigos ocultos de viver de empréstimo	73
CAPÍTULO 22	Boas ideias dão sempre resultado?	77
CAPÍTULO 23	Como lidar com funcionários que agem ilegalmente	79
CAPÍTULO 24	Lidando com os próprios erros	81
CAPÍTULO 25	Bajuladores – um bônus ou um ônus?	83
CAPÍTULO 26	Aprenda com as oportunidades perdidas	85
CAPÍTULO 27	Aposte no que for comprovado e verdadeiro	87

CAPÍTULO 28	Suba na vida	89
CAPÍTULO 29	"Administre-se" para enfrentar a inflação	91
CAPÍTULO 30	Administrando os empréstimos pessoais	93

Glossário de Termos e Empresas 97

INTRODUÇÃO

Nos artigos sobre a vida de investimento de Warren Buffett, muito já foi escrito sobre seus métodos. Todos os investimentos que Warren já fez foram separados e analisados minuciosamente. David e eu escrevemos sobre seus métodos de investimento: *Buffettologia, O Livro de Exercícios de Buffettologia, A Nova Buffettologia, O Tao de Warren Buffet* e *Warren Buffett e a Análise de Balanços*. Todos foram *best-sellers* no mundo inteiro.

Mas o que continuava faltando no que havíamos escrito sobre Warren Buffett era um livro que apresentasse a forma brilhante como ele administrou sua vida, os negócios e as pessoas que supervisionam os 233 mil funcionários da Berkshire Hathaway em todo o mundo. Além de ser um gênio em investimentos, Warren Buffett também é um gênio como administrador, com mais de 88 CEOs de diferentes empresas que se reportam direta ou indiretamente a ele. Na atualidade, nenhum homem comandou um grupo de administradores mais talentoso, em tantas empresas diferentes e teve resultados tão surpreendentes.

De vários modos, o recorde administrativo de Buffett ultrapassa até mesmo seu impressionante recorde de investimento na Berkshire Hathaway, onde *a receita operacional líquida anual da empresa* cresceu de US$ 18 por ação, em 1979, para US$ 4.093 em 2007. Isso corresponde a uma taxa de crescimento anual composto de 21,39%, um recorde que indica que Warren e seus administradores estão trabalhando de modo excepcional. (Em comparação, *a carteira de investimentos da Berkshire*, no mesmo período, cresceu a uma taxa composta anual de 19,78%, o que significa que, como administrador, Warren superou o investidor.)

Ao buscar trazer tudo o que diz respeito a Warren Buffett, escrevemos o primeiro livro que traz uma visão mais profunda sobre os métodos administrativos de Warren – quais são, como funcionam e como usá-los. Relatamos o impacto que Dale Carnegie exerceu sobre sua vida e como os ensinamentos de Carnegie ajudaram a transformar Warren no grande administrador de hoje.

Escrevemos o livro de forma legível, com capítulos curtos. Os métodos que Warren utiliza são simples e fáceis de compreender, mas, como veremos, seu impacto é poderoso.

Desejamos que, no futuro, as próximas gerações utilizem os métodos de administração iluminados de Warren para inspirar e motivar pessoas de todas as idades a conquistar seus sonhos e visões.

Mary Buffett e David Clark
primeiro de julho de 2009

APRESENTAÇÃO

Faça como Warren Buffett

Era uma vez um jovem ligeiramente *nerd* chamado Warren Buffett que, aos vinte anos, tinha medo de falar em público. Então, Warren descobriu o curso de oratória de Dale Carnegie e mudou sua vida. Ele não apenas desenvolveu coragem e habilidade para falar em público, como aprendeu a fazer amigos e motivar pessoas. Warren considera o aprendizado com Carnegie o fato que mudou sua visão e o diploma mais importante de sua vida.

Depois de aprender a falar diante de uma plateia, Warren também se devotou à filosofia de Dale sobre a interação com as pessoas. Leu e releu o livro *Como Fazer Amigos e Influenciar Pessoas*, de Carnegie, sublinhando e memorizando parágrafos inteiros. O livro tornou-se sua Bíblia pessoal e uma das pedras fundamentais de sua filosofia gerencial.

Ele teve sucesso?

Aqui está o que A. L. Ueltschi, fundador e presidente da FlightSafety International Inc., a maior empresa de treinamento aéreo do mundo, disse a Robert P. Miles sobre Warren, como seu chefe: "Liderança é tudo o que importa para um bom administrador. As letras dessa palavra (*leadership*, em inglês) representam as qualidades de um bom administrador:

*L*ealdade
*E*ntusiasmo
*A*titude
*D*isciplina
*E*xemplo
*R*espeito
*S*abedoria

*H*onestidade
*I*ntegridade
*P*ertinência

"O que mais gosto em Warren Buffett é de saber que ele tem todas essas qualidades."

Vamos examinar as qualidades de liderança de Warren, e como ele sintetizou o que aprendeu seguindo uma fórmula administrativa de sucesso, e desse modo tornou-se não apenas o administrador que os outros querem ter como modelo, mas também o segundo homem mais rico do mundo.

Para facilitar o processo de aprendizagem, dividimos a filosofia administrativa de Warren em cinco partes interligadas entre si e que criam a perfeita combinação de suas qualidades.

1. Escolha bem seu trabalho

Warren descobriu que nem todos os trabalhos são iguais. O primeiro passo para o sucesso é ter, administrar ou trabalhar no ramo de atividade certo, com a economia soprando a favor. É a melhor forma de acertar desde o começo, seja como sócio, diretor ou funcionário da empresa.

2. Delegue autoridade

O segundo passo é a visão única de Warren sobre como delegar autoridade, que lhe permitiu fazer com que a Berkshire Hathaway, uma pequena empresa têxtil falida, crescesse e se transformasse num gigantesco conglomerado multinacional.

3. Encontre o melhor administrador

O terceiro passo é conhecer as qualidades necessárias para administrar uma excelente empresa – Warren procura integridade, inteligência e paixão pelo trabalho, que também são as qualidades que temos de cultivar em nós mesmos para sermos administradores bem-sucedidos.

4. Motive sua força de trabalho

Uma vez que o melhor negócio seja encontrado e o melhor administrador tenha assumido sua posição, Warren motiva os diretores a darem tudo de si, para que a empresa, o administrador e os empregados sejam os mais produtivos possíveis. Aqui nos dedicaremos a estudar como Warren adaptou e expandiu os métodos de Carnegie. Se há uma qualidade em que um administrador deva se exceder é motivar os demais a fazer algo. Warren desenvolveu um conjunto específico de qualidades motivacionais que inspirou seus diretores a marcar pontos sucessivos, ajudando-o a transformar a Berkshire Hathaway na atual empresa de ponta de US$ 150 bilhões.

5. Um axioma administrativo para cada problema

E, finalmente, há vários axiomas administrativos específicos de Buffett para lidar com todo tipo de situação, desde poder administrativo, lidar com funcionários desonestos e manter um baixo nível de custo.

No final do livro, debateremos alguns "warrenismos", que ajudarão a administrar o dia a dia. Os sucessos nos negócios e na vida normalmente caminham juntos, e Warren possui algumas dicas valiosas que nos ajudarão a aprimorar nossas capacidades administrativas.

Então, sem maiores delongas...

PRIMEIRO PASSO

Escolha bem seu trabalho

Trabalhar no ramo de atividade certo faz toda a diferença entre uma carreira bem-sucedida e bem remunerada ou uma vida de escravidão. Também pode significar a diferença entre um excelente investimento a longo prazo e outro inútil. Warren descobriu que certos tipos de empresa possuem uma economia comercial inerente tão grande, que mesmo um mau administrador parecerá bom ao trabalhar para elas. Essas são as empresas que ele quer ter, e são os tipos de empresa para as quais queremos trabalhar. Warren identificou inúmeras características para nos ajudar a identificar essas empresas maravilhosas, então, comecemos por elas.

CAPÍTULO 1

Como encontrar o tipo de empresa que oferece as melhores oportunidades de carreira

> Há uma imensa diferença entre a empresa que cresce
> e necessita de muito capital para isso,
> e a empresa que cresce e não precisa de capital.
>
> – WARREN BUFFETT

Essa é uma das chaves para entender o sucesso de Warren como investidor a longo prazo e administrador de empresas. Empresas com uma economia superior operando a favor queimam muito menos capital do que faturam. Isso acontece, geralmente, porque fazem um produto de marca que nunca precisa mudar, ou fornecem um serviço-chave que permite cobrar preços altos e dá margens de lucro bem mais largas.

Com um produto de marca que nunca precisa mudar, a empresa não necessita gastar tanto dinheiro em pesquisas e desenvolvimento, nem estar constantemente modernizando as instalações e se reequipando para acompanhar as mudanças de projeto. Portanto, pode usar as mesmas instalações e equipamento por muito tempo, até se desgastarem pelo uso. Todo o dinheiro economizado pode ser utilizado para expandir a empresa sem sobrecarregá-la com dívidas adicionais ou ter de vender novas ações. O capital necessário para o crescimento é gerado internamente. Tudo isso, certamente, faz com que os administradores dessas superempresas pareçam geniais!

Um exemplo: uma empresa como a Coca-Cola nunca precisa gastar bilhões de dólares redesenhando produtos ou reequipando instalações para estar na frente da concorrência. Assim muito dinheiro sobra para gastar com coisas mais divertidas, como adquirir novas empresas e pagar polpudas bonificações a seus diretores. Uma empresa como a General Motors, por outro lado, que produz veículos que mudam de modelo quase todo ano, precisa gastar bilhões em novos projetos e reequipar as instalações para manter os carros concorrendo com os da Ford e da Toyota em todo o mundo.

Em qual dessas empresas seria melhor trabalhar? Aquela que está gerando internamente toneladas de capital excedente ou a que está torrando internamente toneladas de dinheiro? Aquela com excesso de capital, claro, porque o excedente de capital faz com que a administração pareça boa, o que significa que conseguem pagar a si mesmos bonificações bem generosas no final de cada ano.

E receber mais dinheiro é sempre muito bom.

Empresas com vantagem competitiva duradoura

Warren acredita que a melhor companhia para se ter ou na qual investir ou trabalhar – aquela que oferece as maiores oportunidades de crescimento de carreira, estabilidade de emprego e enriquecimento a longo prazo – é a empresa que possui o que ele chama de "vantagem competitiva duradoura". Essas superempresas detêm praticamente o monopólio do mercado. Isso significa que possuem produtos e serviços que nunca mudam, são fáceis de vender e estão na mente do consumidor. Isso corresponde a maiores margens de lucro e giro de estoque, o que significa estar nadando em dinheiro.

Por outro lado, há empresas com economia precária, cujos negócios são muito difíceis de mascarar. Tendem a viver períodos de altos e baixos, os quais, em determinado momento, as jogam para cima e, em seguida, as deixam a ver navios.

Portanto, as empresas que nos oferecem os melhores benefícios em um emprego são as que têm algum tipo de vantagem competitiva duradoura operando a favor. Warren descobriu que essas superempresas pertencem a três modelos comerciais básicos: (1) as que vendem um único produto; (2) as que vendem um único serviço; ou (3) as que compram ou vendem um produto ou serviço a baixo custo, do qual o consumidor sempre necessita.

Vamos examinar bem cada um desses três tipos de superempresas e descobrir as oportunidades de emprego que elas oferecem.

EMPRESAS QUE VENDEM UM ÚNICO PRODUTO

Esse é o mundo da Coca-Cola, Pepsi, Wrigley, Hershey, Coors, Guinness, Kraft, Merck & Company, Johnson & Johnson, Procter & Gamble e Philip Morris. Pelo processo de necessidade e experiência do consumidor e de divulgação por meio da propaganda, essas empresas cravaram as histórias de seus produtos em nossas mentes e imediatamente pensamos neles quando saímos para atender determinadas necessidades. Quer mascar chiclete? Você logo pensa na Wrigley. Está com vontade de beber uma cerveja gelada depois de um dia estafante no trabalho? Você lembra da Budweiser ou da Coors. Nos últimos 284 anos, os irlandeses, em noites frias e chuvosas, pensam em beber talagadas de Guinness em frente a uma lareira quentinha em algum pub da cidade. E a Philip Morris faturou uma fortuna vendendo cigarros Marlboro no mundo todo.

Warren gosta de pensar que essas empresas estão na mente do consumidor, e quando uma empresa está na mente do consumidor, ela nunca precisa mudar os produtos. Isso, como descobriremos, é excelente. Assim ela também consegue cobrar mais caro e vender mais mercadorias, o que significa maiores margens de lucro e um giro de estoque mais alto, que corresponde a um valor maior na declaração de rendimentos. Essas empresas são fáceis de identificar, pois possuem ganhos anuais mais elevados e consistentes, e pouca ou nenhuma dívida em seus balancetes.

Do ponto de vista do emprego, essas empresas especiais nos oferecem a oportunidade mais fácil de subir ao superestrelato administrativo. Elas vivem nadando em dinheiro, ou seja, têm condições de pagar salários generosos e imensas bonificações, além de ter capital para comprar ou criar novas empresas, o que significa que nelas há muitas oportunidades para um jovem administrador mostrar seus talentos. Acredite ou não, tudo fica melhor com Coca-Cola, incluindo sua carreira.

EMPRESAS QUE PRESTAM UM ÚNICO SERVIÇO

Esse é o mundo da Moody's, H&R Block, Amex, ServiceMaster e Wells Fargo. Como advogados e médicos, essas empresas prestam serviços de que as pessoas precisam e pelos quais estão dispostas a pagar – mas diferentemente de advogados e médicos, essas empresas são institucionalmente específicas, ao contrário de uma especificidade pessoal. Quando pensamos em fazer uma declaração de rendimentos, pensamos na H&R Block, não pensamos no João, o cara que trabalha na H&R Block. A economia que se faz ao prestar um único serviço pode ser excepcional. Uma empresa não precisa despender um monte de dinheiro para redesenhar produtos, nem gastar uma fortuna construindo uma fábrica ou um armazém para guardar suas mercadorias. Empresas prestadoras de um único serviço que esteja na mente do consumidor podem auferir margens de lucro ainda maiores do que aquelas que vendem produtos. Ser diretor de uma dessas empresas pode se tornar uma carreira rentável e recompensadora, com poucos dos altos e baixos financeiros que sempre assombram outras empresas. Apenas compare os históricos de operações da H&R Block e o de uma empresa como a GM. Não importa quão profunda seja a recessão, as pessoas ainda precisam apresentar suas declarações de imposto de renda – nunca há recessão para empresas contábeis. Mas para uma empresa como a GM, as artimanhas da economia podem ser devastadoras num prazo bem curto. A equipe administrativa da H&R Block jamais passará noites em claro preocupada com exigências sindicais, excesso de dívidas e oscilações na demanda. O mesmo não pode ser dito da equipe administrativa da GM.

EMPRESAS QUE COMPRAM OU VENDEM UM PRODUTO OU SERVIÇO A BAIXO CUSTO

Esse é o mundo de Wal-Mart, Costco, Nebraska Furniture Mart, Borsheim's Fine Jewelry e Burlington Nothern Santa Fe. Aqui as grandes margens dão lugar ao volume, com o aumento na quantidade mais do que na compensação pelo decréscimo nas margens de lucro. O segredo aqui é ser um comprador a baixo custo, o que permite obter margens mais altas que seus competidores e ainda vender também a baixo custo um produto ou serviço. A fama de ter o melhor preço da cidade atrai consumidores. Nos Estados Unidos, quem precisa de um fogão, vai ao Nebraska Furniture Mart para encontrar a melhor seleção de produtos e ainda o melhor preço; quem quer enviar suas mercadorias para o outro lado do país escolhe a Burlington Northern por causa da melhor relação custo-benefício; quem vive numa cidadezinha e deseja a melhor seleção pelos melhores preços vai ao Wal-Mart.

Entre os três modelos de empresa que acabamos de apresentar, o comprador e vendedor a baixo custo oferece menos oportunidades de crescimento profissional. A contínua tensão de manter os custos reduzidos pressiona em demasia a administração e faz com que tenham salários baixos. No entanto, essas empresas ainda oferecem melhores oportunidades de emprego e gerenciamento do que as organizações medíocres que não se encaixam em nenhuma das três categorias.

Agora que conhecemos o modelo geral da empresa "perfeita" onde trabalhar, vamos analisar o quadro econômico um pouco mais de perto para que possamos distingui-las e saber quais empresas abrem caminho para uma carreira gratificante. Escolhemos três testes econômicos muito simples para nos ajudar a determinar se a empresa em questão é uma dessas especiais, que têm uma vantagem competitiva duradoura.

CAPÍTULO 2

Três testes rápidos para identificar a melhor empresa onde trabalhar

1. Teste de ganhos acionários

Um dos modos mais rápidos de se checar a economia de um possível empregador é conferir os ganhos acionários anuais da empresa. Isso é fácil de fazer se a empresa for uma entidade comercial pública.

Enquanto nenhum valor anual de ação pode ser usado para identificar uma empresa com vantagem competitiva duradoura, os ganhos acionários durante um período de dez anos podem nos oferecer uma imagem bem clara se a empresa apresenta uma vantagem competitiva a longo prazo. O que Warren procura é um quadro de ganhos acionários durante um período de dez anos que apresente consistência e uma tendência ascendente.

Algo que se pareça com isto:

2008	$2,95
2007	$2,68
2006	$2,37
2005	$2,17
2004	$2,06

2003	$1,95
2002	$1,65
2001	$1,60
2000	$1,48
1999	$1,30

Isso mostra que a empresa em questão possui ganhos consistentes com uma tendência ascendente a longo prazo: um excelente sinal de que ela possui algum tipo de vantagem competitiva a longo prazo e seria potencialmente uma grande companhia para se trabalhar. Ganhos consistentes são, em geral, um sinal de que a empresa está vendendo um produto ou um conjunto de produtos que não precisam passar por um processo de mudança dispendiosa. A tendência ascendente em ganhos significa que a economia da empresa é forte o suficiente para permitir gastos estratégicos para aumentar a fatia de mercado por meio de anúncios e expandir as operações, ou aumentar os ganhos acionários através da recompra de ações.

As empresas de que Warren sugere manter distância, e que provavelmente oferecem maus prospectos de emprego, possuem ganhos anuais erráticos como por exemplo estes:

2008	$2,50
2007	$ (0,45) prejuízo
2006	$3,89
2005	$ (6,05) prejuízo
2004	$6,39
2003	$5,03
2002	$3,35
2001	$ (1,77) prejuízo
2000	$ (6,68) prejuízo
1999	$8,53

Esses anuais apresentam uma tendência descendente, pontuada por prejuízos, mostrando a Warren que a empresa atua numa área altamente competitiva com propensão a altos e baixos. Os altos fazem crescer a demanda, que eleva os preços. Para atender à demanda, a empresa aumenta a produção, que amplia o fornecimento, que eleva os custos e, por fim, conduz a um excesso de produtos no mercado, forçando uma queda nos preços. A empresa, que era rentável, agora começa a perder dinheiro, até precisar cortar a produção e os custos. Há milhares de empresas como esta, e seus ganhos erráticos, que, em anos de alta criam a ilusão de que a empresa vai bem, acabam por derrubá-la. É difícil parecer um superastro administrativo quando, a cada dois anos, uma economia mal-ajambrada destrói os bons resultados.

A empresa com ganhos consistentes, que apresenta uma tendência ascendente, é aquela que oferece os melhores prospectos para um emprego rentável a longo prazo e uma carreira gratificante. Mas a empresa com um quadro de ganhos erráticos, ao mesmo tempo em que contrata rapidamente nos anos de alta, também é rápida para demitir nos anos de vacas magras. Esse padrão de alta e baixa faz com que seja difícil trabalhar para esse tipo de empresa, por ela não apresentar estabilidade a longo prazo em seu quadro econômico.

2. Teste do endividamento

Outro sinal de uma grande empresa empregadora são os baixos níveis, ou mesmo a ausência, de endividamento a longo prazo. Empresas que ganham muito dinheiro não precisam se endividar, uma vez que o excedente de dinheiro lhes permite o autofinanciamento. Essas empresas são boas empregadoras a longo prazo, porque possuem dinheiro para pagar bons salários e recursos financeiros para combater a recessão com sucesso.

As empresas com nenhuma ou poucas dívidas são fáceis de determinar ao se medir sua carga de endividamento em relação à atividade. Como regra geral, uma carga de dívidas cinco vezes maior do que os ganhos líquidos indica empresa sem vantagem competitiva duradoura.

Altos níveis de endividamento nos revelam que: (1) a empresa desenvolve uma atividade muito competitiva, onde as mudanças constantes geraram grandes demandas de capital, ou (2) a empresa possui muitos financiamentos. Isso significa que, se formos trabalhar em uma dessas empresas, o custo de juros para o pagamento das dívidas consumirá qualquer excedente de caixa, e deixará pouco capital para aumentos de salário e pagamento de bonificações.

Também haverá pouco capital extra para fazer a empresa crescer ou adquirir novas empresas, o que significa que haverá pouco aumento de oportunidades administrativas. E, se a economia entrar em recessão, serão as primeiras a demitir funcionários, na tentativa de cortar custos antes de abrir falência. Portanto, essas não são exatamente as melhores empresas para se construir uma boa carreira.

3. Teste da margem de lucro bruto

Outro modo de saber se uma empresa possui uma vantagem competitiva duradoura é verificar a Margem de Lucro Bruto. Para se descobrir a Margem de Lucro Bruto da empresa, temos de verificar sua Declaração de Rendimentos – um relatório financeiro referente a um período de tempo que mostra se a empresa ganhou ou perdeu dinheiro.

Especificamente, temos de tomar a Receita da empresa e subtrair o Custo de Mercadorias Vendidas para obter o Lucro Bruto. Agora, se dividirmos o Lucro Bruto pela Receita, obteremos a Margem de Lucro Bruto da empresa. Vamos analisar isso melhor:

Declaração de Rendimentos	
Receita	10.000,00
Custo de Mercadorias Vendidas	– 6.000,00
Lucro Bruto	4.000,00

Agora, se subtrairmos, do total da Receita da empresa, o montante declarado como Custo de Mercadorias Vendidas, obtemos o Lucro Bruto declarado da empresa. Por exemplo: Receita Total de US$ 10 milhões menos o Custo de Mercadorias Vendidas de US$ 6 milhões é igual ao Lucro Bruto de US$ 4 milhões. Então, para obter a Margem de Lucro Bruto, tomamos o Lucro Bruto de US$ 4 milhões e dividimos pela Receita de US$ 10 milhões, que corresponderá à Margem de Lucro Bruto de 40%.

Warren descobriu que empresas com excelente economia a longo prazo tendem a ter Margens de Lucro Bruto consistentemente mais altas do que as que não têm. Passemos à demonstração. Margens de Lucro Bruto de empresas que Warren já identificou com uma vantagem competitiva duradoura: a Coca-Cola apresenta uma Margem de Lucro Bruto consistente de 60% ou mais; a empresa de avaliação acionária Moody's, de 73%; a Burlington Northern Railroad, de 61%, e a Wrigley Gum, de 51%.

Compare essas excelentes empresas com várias outras que sabemos ter uma economia de longo prazo precária, como a falimentar intermitente United Airlines, que apresenta uma Margem de Lucro Bruto de 14%; a conturbada fabricante de automóveis General Motors, que aparece com parcos 21%; a complicada, mas hoje rentável U.S. Steel, que demonstra frágeis 17%; e a Pneus Goodyear – que corre em qualquer tempo, mas possui má economia – estacionada num patamar pouco impressionante de 20%.

No mundo tecnológico – um campo em que Warren não se aprofunda por não conhecer bem –, a Microsoft apresenta uma Margem de Lucro Bruto consistente de 79%, enquanto a Apple apresenta 33%. Esses números indicam que a Microsoft possui uma melhor economia vendendo sistemas operacionais e software do que a Apple comercializando hardware e serviços de informática.

O que cria uma Margem de Lucro Bruto elevada é a vantagem competitiva duradoura. Isso proporciona às empresas a liberdade de estabelecer os preços de produtos e serviços acima de seu Custo de Mercadorias Vendidas. Sem uma vantagem competitiva, a empresa precisa baixar o preço do produto ou serviço que vende, o que, certamente, reduz as margens de lucro e, portanto, a lucratividade. Isso também restringe a capacidade de aumentar salários e oferecer grandes bonificações, logo também diminui a capacidade de aplicar capital para adquirir novas empresas e sobreviver à recessão.

Conclusão

Há outros testes a que podemos recorrer para nos ajudar a determinar se a empresa em questão possui uma vantagem competitiva duradoura. Tratamos desses testes em detalhe em nosso livro *Warren Buffett e a Análise de Balanços*. Mas para uma rápida avaliação, os três testes descritos neste capítulo serão eficazes para avaliarmos se a empresa que nos oferece emprego é uma das que nos conduzirá a uma carreira bem-sucedida e recompensadora ou se é uma que nos escravizará com salários baixos, poucas oportunidades e praticamente nenhuma estabilidade.

Embora seja possível uma grande empresa se tornar medíocre com o tempo – o que aconteceu à indústria jornalística –, é muito raro uma empresa medíocre se tornar grande. Então, se estiver trabalhando para uma empresa de economia intrínseca limitada, é melhor sair logo do que esperar anos para que as coisas mudem.

SEGUNDO PASSO

Delegar autoridade

Warren descobriu que, à medida que Berkshire crescia e ampliava a variedade de empresas, delegar autoridade tornou-se uma necessidade, não apenas para sua sanidade, mas para assegurar que as empresas fossem eficientemente geridas e que os diretores estivessem satisfeitos em administrá-las. Essa é uma capacidade administrativa exclusiva de Warren: ele delega autoridade além dos limites que a maioria dos CEOs concordaria em fazer. Vamos explorar essa filosofia de Warren e como isso possibilitou que a Berkshire deixasse de ser uma pequena fábrica têxtil regional para se tornar o conglomerado multinacional gigantesco de hoje.

CAPÍTULO 3

Regras para delegar autoridade

Delegamos até o ponto de abdicar.

– WARREN BUFFETT

Warren aprendeu que, para administrar e fazer uma empresa crescer, temos de dominar a arte de delegar autoridade. A tendência natural é tentar controlar todos os acontecimentos e pessoas envolvidas para microadministrar a tarefa, o empreendimento, a empresa. No entanto, microadministrar tarefas ou empresas em excesso nos sobrecarrega e, se deixarmos de fazer uma delas, deixamos de fazer todas. A microadministração leva à negligência, enquanto delegar a um administrador competente, que esteja concentrado em apenas uma tarefa, significa uma compreensão mais completa e uma execução mais cuidadosa de suas funções. Warren possui mais de 88 empresas diferentes e entregou a administração delas a 88 CEOs extremamente competentes. As empresas Berkshire como a Johns Manville, Benjamin Moore, Fruit of the Loom, Clayton Homes e Jordan's Furniture são todas administradas por CEOs que detêm completo controle. Quando a Berkshire comprou a Forest River, Warren disse a seu fundador e CEO, Peter Liegl, que não esperasse vê-lo mais do que uma vez ao ano. Warren chega a dizer aos CEOs das empresas da Berkshire que não lhe façam solicitações especiais.

Quando Grady Rosier, CEO da McLane Company, lhe telefonou para pedir aprovação para comprar novos jatos, Warren respondeu: "A decisão é sua. Cabe a você decidir pela empresa".

Warren acha loucura pensar que poderia gerir de forma competente todas as empresas sozinho. Para que o trabalho seja bem realizado, ele delega, não apenas as funções, mas todo o trabalho. Como costuma dizer, ele delega quase ao ponto de abdicar.

Warren desenvolveu um conjunto de regras para ajudá-lo a delegar autoridade de forma eficaz. Veja:

Regra nº 1

A cultura de cada empresa é única. Da menor das empresas às maiores corporações, funcionários e administradores desenvolveram um conjunto de qualidades altamente especializadas que lhes permite desempenhar suas funções. Como administrador, Warren descobriu que não poderia realizar todas essas atribuições especiais tão bem quanto eles. Ele sabe que seus funcionários são especialistas e devem ter autoridade para fazer o que sabem sem sua interferência. Ele também sabe que, como administrador, deve inspirar os funcionários a ser competentes em suas funções. Seja como um líder de torcida, não um capataz.

Regra nº 2

Warren descobriu que administradores competentes gostam de tomar conta de "sua" empresa, do modo como julgam melhor. Warren encoraja-os a cuidar das empresas como se fossem suas. Como resultado, trabalham com mais afinco e garantem que a empresa siga de vento em popa. Para eles, é uma questão de orgulho pessoal.

Regra nº 3

Warren percebe que, para poder delegar autoridade de modo que os administradores trabalhem de forma irrestrita, é necessário não apenas que os administradores sejam esforçados, apaixonados e inteligentes em relação ao trabalho, também devem ser íntegros. Em outras palavras, devem ser honestos ao extremo. Se não forem honestos, usarão seu esforço, paixão e inteligência para nos roubar bem debaixo de nosso nariz.

Conclusão

As regras de Warren para delegar autoridade são muito simples: cada empresa é única. Funcionários desempenham suas funções muito melhor do que nós. Se quisermos que a empresa cresça, devemos delegar autoridade. Administradores gostam de cuidar de "suas empresas" sozinhos. Os diretores que contratamos precisam ser esforçados, inteligentes e, acima de tudo, honestos. Ou, como a falecida e grande administradora da Berkshire, a Sra. B., disse certa vez sobre o segredo de seu sucesso no mercado de móveis: "Venda barato e diga a verdade".

TERCEIRO PASSO

Encontre o administrador certo para o cargo

Uma vez que encontramos ou compramos a empresa certa e compreendemos a necessidade de delegar autoridade, o passo seguinte é contratar o administrador certo para o cargo. Para Warren, as qualidades administrativas desse profissional são exatamente as mesmas que devemos cultivar em nós. Analisemos essas características.

CAPÍTULO 4

Onde Warren começa a procurar o administrador certo

> **As mudanças administrativas, assim como as matrimoniais, são dolorosas, consomem muito tempo e acontecem de forma aleatória.**
>
> – WARREN BUFFETT

Essa é uma lição que Warren aprendeu do modo mais difícil: comprando empresas que estavam à venda por um bom preço, mas eram muito mal administradas. O primeiro investimento na Dempster Mills Manufacturing, que discutiremos um pouco mais à frente, é o exemplo perfeito de ocorrência de uma série de mudanças administrativas até encontrarmos o administrador correto. Foi doloroso? Sim. Consumiu tempo? Sim. Foi caro? Muito. Foi necessário? Certamente.

A chave para fazer mudanças administrativas é perguntar: "Isto é realmente necessário?". Se a resposta for não, somos loucos de correr o risco de provocar uma ruína financeira ao trazer alguém totalmente inexperiente para assumir o cargo. Mas se a empresa está perdendo dinheiro, e se acreditamos ser uma questão de gerência e não de economia intrínseca da empresa, então é momento de mudar a administração.

Warren tenta evitar mudanças administrativas. Quando anuncia que irá comprar novas empresas, por meio de bancos de investimento ou em sua carta anual aos sócios quotistas da Berkshire, ele frisa que as empresas deverão ter uma administração competente já estabelecida.

Warren exige que os administradores-chave de cada empresa que possui lhe escrevam uma carta indicando quem deveria sucedê-los se morressem amanhã. Essas cartas são atualizadas a cada ano. Desse modo, se algo acontecer a algum de seus administradores, não se perderá tempo procurando seu substituto. Warren terá um administrador que já estará familiarizado com a empresa e escolhido a dedo pela pessoa que mais entendia do negócio, ou seja, sobre funcionários, produtos e clientes.

Se Warren tiver de procurar um administrador fora da empresa, normalmente chamará alguém com quem já tenha trabalhado antes, que tenha um currículo comprovado. Pode pedir também a seus sócios uma indicação. Isso nos lembra a breve, porém notável, história da Dempster Mills Manufacturing e o admirável Harry Bottle.

Dempster Mills Manufacturing era uma empresa de irrigação hídrica e eólica no Nebraska que Warren comprou, pois as ações estavam sendo vendidas a 25% do seu valor nominal. Ao comprar as ações da empresa e assumir um lugar na diretoria, descobriu que o motivo de a empresa andar mal das pernas era a má administração. Então, convenceu os diretores a contratar um novo administrador – alguém escolhido por eles. O novo diretor provou ser um desastre ainda maior do que o demitido. Em desespero, Warren procurou o amigo e advogado Charlie Munger. Perguntou se Charlie conhecia algum talentoso administrador para salvar a situação. Charlie sugeriu o nome de um homem a quem Warren mais tarde se referiria como "o incrível Harry Bottle". Harry era o que se pode chamar de artista completo – um administrador incrivelmente talentoso para salvar empresas em estado falimentar. A convite de Warren e com US$ 50 mil de salário anual inicial, Harry deixou a ensolarada e quente Califórnia e mudou-se para o gelado e amargo Nebraska, onde assumiu como o novo CEO da Dempster. A primeira coisa que Harry fez foi remarcar o estoque de peças avulsas e de reposição. Algumas peças que a Dempster usava poderiam ser compradas em qualquer loja de acessórios, mas outras eram exclusivas da Dempster e, por isso, não poderiam ser compradas em nenhum outro lugar. Um dos erros que Harry descobriu era que a Dempster estava remarcando todas as suas peças sempre a 40%, tanto as comuns quanto as exclusivas. Harry triplicou o preço das peças exclusivas sobre as quais a Dempster detinha o monopólio e cortou os preços de estoque das peças comuns, aumentando assim as receitas e gerando capital. No final do ano, a Dempster estava de novo no azul, tornando-se um dos investimentos mais bem-sucedidos de Warren.

Vinte anos depois, Warren teve outro problema administrativo em uma das menores fábricas da Berkshire Hathaway. Adivinhe quem ele chamou para ajudar? O incrível Harry Bottle, evidentemente.

A lição é a seguinte: mude os administradores somente quando for necessário, promova o pessoal interno, se possível, e, se não puder, procure talentos com currículo reconhecido. Se tudo o mais falhar, chame alguém como o incrível Harry Bottle.

CAPÍTULO 5

Vencedor ou vítima? O segredo de Warren para descobrir um líder

> Você prefere ser o melhor dos amantes e todos pensarem que é o pior, ou ser o pior dos amantes e todos pensarem que é o melhor?
>
> – WARREN BUFFETT

Warren Buffett afirma que todas as pessoas possuem duas faces: ou somos autênticos ou aceitamos ser o que os outros desejam. Um verdadeiro líder segue sua individualidade, enquanto um burocrata atende aos desejos dos outros.

É difícil ficar sozinho quando a opinião da maioria vai contra a nossa. A capacidade de Warren de agir assim transformou-o em um homem extremamente rico. Ele adquire ações quando todos têm medo de comprá-las e as vende quando todos ainda estão apostando nelas. Ele passou a vida remando contra a maré. Pensadores livres e independentes como Warren Buffett nunca são vítimas. Eles são senhores de seu destino.

Ao discutir a diferença entre a mentalidade do vencedor e a da vítima, os psicólogos referem-se a algo chamado ponto de controle. Se tivermos um ponto de controle interno, culpamo-nos quando algo não dá certo. Acreditamos que temos o controle sobre nosso destino e suas consequências, e, quando falhamos, culpamos nossas próprias ações. Mas, se tivermos um ponto de controle externo e algo acontecer de errado, colocamos a culpa em todos, menos em nós mesmos.

Quando jovem, Warren foi profundamente influenciado pelo pai Howard, que tinha um forte ponto de controle interno. Quando veio a Grande Depressão, Howard abriu uma nova e bem-sucedida empresa. Quando passou a discordar do governo, candidatou-se ao Congresso americano. Isso ensinou a Warren que era ele, não o mundo, que tinha o controle sobre sua vida e que ele, não o mundo, iria determinar como sua vida seria.

Ter um ponto de controle interno nem sempre é fácil: quando vencemos, somos os vencedores, mas quando perdemos, somos os perdedores. Não há em quem colocar a culpa, o que pode ser devastador. Investir mal em dois bancos irlandeses e pagar um valor excessivo pela ConocoPhillips são fracassos que aconteceram apenas por sua culpa. Warren aprendeu com esses erros, mas avisa que não fica remoendo os fracassos por muito tempo. Ao não fazer isso, evita os efeitos negativos que o fracasso produz em alguém que tenha um ponto de controle interno.

A grande lição é a seguinte: pessoas que têm um ponto de controle interno assumem a responsabilidade pelos fracassos e, ao mesmo tempo, aprendem com seus erros. Eles têm o controle sobre si mesmos: têm controle sobre seu mundo. Enxergam os problemas como desafios a serem vencidos (lembrem-se de Bill Gates). Pessoas que têm um ponto de controle externo não acreditam ter o poder para resolver problemas; acreditam que são vítimas de circunstâncias que estão fora de seu controle (lembrem-se de Wall Street).

Qual ponto de vista conduz à riqueza e à grandeza? Que tipo de pessoa teria força para conduzir uma empresa ou um país em tempos difíceis? Somos vencedores ou vítimas? Vencedores transformam-se em grandes administradores e líderes porque assumem a responsabilidade e resolvem problemas. As vítimas, por outro lado, estão ocupadas demais inventando desculpas e culpando todo mundo em vez de enfrentar desafios e solucionar questões.

CAPÍTULO 6

Trabalhe naquilo que ama

> Chega um momento em que precisamos começar a fazer o que queremos. Trabalhe naquilo que ama. Você irá pular da cama pela manhã. Acho que só um louco trabalharia em algo de que não gosta por achar que irá ser bom para o currículo. É como deixar de fazer sexo hoje para desfrutá-lo apenas quando for mais velho.
>
> – WARREN BUFFETT

Ao buscar a riqueza, em geral, acabamos aceitando empregos ou assumindo profissões de que não gostamos, mas os mantemos por anos a fio, até finalmente esgotar todo o nosso tempo. Iludimo-nos ao acreditar que chegará o dia em que finalmente faremos o que sonhamos. Enquanto isso, gastamos de forma miserável a vida que compartilhamos com quem está ao nosso lado. Esse tipo de sofrimento em nome do dinheiro, normalmente, começa muito cedo e advém da necessidade. No entanto, às vezes, essas bases não passam de simples avareza. Warren acredita que não fazer o que amamos em nome da avareza é um modo muito medíocre de administrar nossa vida. Transforma o trabalho em escravidão, que nos faz sucumbir e destrói o espírito. Embora ganhemos muito dinheiro, as horas que passamos trabalhando são puro sofrimento.

No mundo profissional, as pessoas mais bem-sucedidas são as que fazem o que amam. Não é o dinheiro que as conduz. O que as conduz é o mesmo que um grande jogador de beisebol ou um grande músico: o amor pelo que fazem. Seja um programador de informática, um vendedor, um carpinteiro, uma enfermeira, um açougueiro, um *chef* de cozinha, um policial, um médico ou um advogado, as pessoas que sobem ao alto da pirâmide são as que amam o que fazem. São, em geral, as que ganham mais dinheiro em sua profissão. Amar o que se faz e ganhar bem normalmente andam juntos.

Warren acredita que, quando contratamos pessoas para trabalhar para nós, devemos tentar encontrar as que irão amar aquilo que as contratamos para fazer. Essas são as pessoas que se orgulharão do trabalho que fazem, inspirarão os colegas a crescer e se tornarão a força motriz por trás da empresa. São também as pessoas que fazem homens como Warren parecer gênios.

- Na administração de nossas vidas, a regra é: ame aquilo que faz.
- Na administração de nossas empresas, a regra é: contrate pessoas que amam o que fazem.

Essas duas regras lhe renderão resultados que valem ouro.

CAPÍTULO 7

Monte a melhor equipe de vendas

Não quero estar diante do cliente do outro lado do balcão. Nunca vendi nada em que eu mesmo não acreditasse, nem usasse.

– WARREN BUFFETT

Warren aprendeu bem cedo que os melhores vendedores são os que acreditam em seus produtos e que são apaixonados pelo que vendem.

Pode apostar que se alguém acreditar e tiver paixão pelos produtos que vende, se interessará por tudo o que se relaciona ao produto, desde a matéria-prima à forma como é fabricado. Acima de tudo, esse vendedor saberá a melhor maneira de usar o produto. Esse tipo de conhecimento impressiona qualquer cliente.

Essa é uma qualidade que Warren procura em seus administradores: pessoas que acreditem em seus produtos e empresas de tal forma que amem ir trabalhar. Ele não gosta de contratar administradores que só estejam interessados em ganhar dinheiro e que prefeririam estar em outro lugar. Muitos dos altos diretores que trabalham para Warren passaram a maior parte da carreira dentro da mesma empresa e continuam trabalhando nela, mesmo depois de terem se tornado milionários. O editor Stan Lipseu, do *Buffalo Evening News*, trabalha no mesmo jornal há mais de trinta anos. O CEO Irv Blumkin, com mais de cinquenta anos, está na folha de pagamento da Nebraska Furniture Mart desde a adolescência. Esses dois superadministradores estão ricos o suficiente para se aposentar, mas continuam trabalhando. Por quê? Porque amam o que fazem.

A lição é a seguinte: se quisermos montar a melhor equipe de vendas, devemos encontrar pessoas que acreditem e sejam apaixonadas pelos produtos que lhes pedimos para vender. A paixão de um vendedor pelos produtos que vende é algo em que Warren aprendeu que pode confiar.

CAPÍTULO 8

Obsessão

> Nosso exemplo de dedicação profissional é o alfaiate católico que usou todo o dinheiro que guardou por vários anos para fazer uma peregrinação até o Vaticano. Ao retornar, os membros da paróquia se reuniram para que ele revelasse suas impressões sobre o Papa. "Diga-nos", perguntou o fiel, ansioso. "Como ele é?" E nosso herói respondeu, sem pestanejar: "Tamanho 44".
>
> – WARREN BUFFETT

No mundo de Warren, o administrador perfeito é aquele que acorda e vai dormir pensando no trabalho. Como ele diz: "Obsessão é o preço da perfeição". A obsessão de Warren levou-o a memorizar, de A a Z, o manual de ações da Moody. Um dos seus investidores favoritos era um camarada de pouca formação, que se tornou tão obcecado por empresas de saneamento básico que sabia quanto faturavam toda vez que alguém apertava o botão de descarga. Adivinha em que investiu para ficar milionário? Empresas de saneamento básico, evidentemente.

A obsessão é o que Warren procura em seus funcionários. Certa vez disse que se tivesse de fazer apenas uma pergunta aos que se candidatavam a uma vaga na Berkshire seria sobre o nível de obsessão em relação àquilo que fazem. Seu arquétipo do administrador perfeito é a famosa Sra. B., que iniciou e administrou a Nebraska Furniture Mart com a família até completar 104 anos. Ela jamais abandonou a loja, que era o amor de sua vida. Em mais de sessenta anos em que administrou a empresa, tirou férias apenas uma vez e se sentiu péssima o tempo todo, por estar longe de "sua loja". Dizia que quando ia para casa à noite, mal podia esperar pela manhã seguinte para voltar aos "seus clientes". Seu único lazer era dirigir por Omaha para sondar a concorrência.

Todos os altos administradores de Warren são homens e mulheres obcecados. Tony Nicely, CEO da Geico, trabalha na empresa desde 1961, e não tem a menor ideia do que fazer se viesse a se aposentar.

Ao falar sobre A. L. Ueltschi, fundador e presidente da FlightSafety, Warren disse: "Al compreendeu quem eu era. Eu compreendi o que era a FlightSafety. Eu sabia que ele amava aquela empresa. A primeira pergunta que me faço sobre alguém na posição dele é: ele ama o dinheiro ou a empresa? Mas com Al, o dinheiro é totalmente secundário. Ele ama a empresa e é disso que preciso, pois, no dia seguinte, depois de comprar a empresa, se os funcionários amam apenas o dinheiro, eles se vão".

Uma pergunta simples que Warren faz para determinar a paixão de um administrador pelo trabalho é descobrir o que o levou a começar o negócio. Ele diz que sabemos mais sobre o possível sucesso de um administrador dependendo do que fez quando criança em termos de empreendimento do que pelo curso da faculdade. Um amor precoce pelo trabalho que realizam corresponde, mais tarde, ao sucesso na profissão.

No mundo de Warren, não se trata apenas de sermos mais inteligentes, e sim do quanto somos obcecados, quanto amamos o que fazemos. Se formos inteligentes também, será como coroar aquilo que já é obsessivamente maravilhoso.

CAPÍTULO 9

O poder da honestidade

> Também acreditamos que a sinceridade
> nos beneficia como administradores.
> O CEO que engana outras pessoas
> acabará enganando a si mesmo.
>
> – WARREN BUFFETT

Warren diz que um administrador ou funcionário que seja sincero sobre os erros que comete tem mais probabilidade de aprender com eles. Quando um administrador ou funcionário ignora seus erros, está sempre tentando colocar a culpa pelos próprios tropeços em alguém ou alguma coisa. Eles acabarão mentindo para si mesmos sobre outras coisas igualmente importantes.

Warren descobriu que isso era especialmente verdade em questões contábeis. Ele acredita que a tendência de alterar alguns números acabará por fazê-lo alterar tudo. Ou, como Warren diz: "Administradores que sempre prometem 'ajeitar os números' se sentirão tentados, em algum momento, a inventá-los".

Warren tem um aspecto de verdade subjacente em sua vida pessoal e profissional que descreve como um dos traços de personalidade-chave a que se deve aspirar. Como ele costuma afirmar: "Não queremos tratar com pessoas que precisem de um contrato para que se sintam motivadas a trabalhar". No mundo profissional, um administrador honesto e transparente é o mesmo que ter dinheiro no banco.

CAPÍTULO 10

Custos administrativos

O bom administrador de empresas não acorda um belo dia e diz: "Hoje vou cortar custos", como se decidisse que começará a respirar.

– WARREN BUFFETT

O lucro é o sangue da empresa. A falta de lucro é a morte dela. A única forma de ter lucro em uma empresa é ter custos mais baixos do que os preços dos produtos que vende. A diferença entre os dois é o que chamamos de margem de lucro. Não há outro modo de ganhar dinheiro, nenhuma outra equação. Ou se lucra, ou não se lucra. Se não conseguir lucrar, a empresa não permanecerá em funcionamento por muito tempo. Se lucrar muito, conseguirá mais do que apenas pagar contas – poderá ficar rico.

Como administradores de empresa, temos dois objetivos principais: estimular a força de vender tantos produtos quanto possível ao maior preço praticável e estimular as equipes de fabricação e compra a produzir ou adquirir os produtos que vendemos ao menor preço possível. As duas coisas andam juntas e ambas são necessárias para lucrar. A tarefa de manter os custos baixos é a mais importante, pois determina o valor do produto. Custos baixos significam que podemos vender o produto a um preço mais baixo, o que tornará o produto mais desejável e mais fácil de vender.

O modo de determinar se os administradores terão uma "consciência de custo" é verificar como lidam com custos aparentemente pequenos. Warren diz: "Se os administradores não forem disciplinados nas pequenas coisas, provavelmente também serão indisciplinados nas grandes". Ele gosta de citar a história de Benjamin Rosner, dono da Associated Cotton Shops, tão fanático por cortar custos que, certa vez, contou os pedaços de um rolo de papel higiênico para se certificar de que seu vendedor não estava tentando enganá-lo.

Warren também gosta de citar Tom Murphy, CEO da Capital Cities Communications, cuja consciência de custo o fez, durante a reforma do edifício da empresa, proibir que pintassem a parede de trás, pois ninguém iria vê-la. Tom considerava que departamentos jurídicos e de relações públicas eram despesas desnecessárias. Achava que, quando precisassem desses serviços, poderia contratar profissionais liberais a um custo bem mais baixo. Quando fundiu a Capital Cities com a rede de televisão ABC, a primeira coisa de que se livrou foi da sala de jantar da ABC. Warren amava Tom.

Outro aspecto da equação de corte de custos trata da poupança pessoal. Se estamos numa faixa fiscal de 40%, precisamos ganhar US$ 10 para poder gastar US$ 6. Se reduzirmos o custo de vida para US$ 6, é o mesmo que ganhar US$ 10 e economizar US$ 6, que podem, então, ser investidos. Como disse Benjamin Franklin: "Se souber gastar menos do que ganha, terá encontrado a pedra filosofal". A pedra filosofal era o instrumento que os alquimistas medievais usavam para transformar metal em ouro. No início da carreira, Warren era obcecado em manter baixo o custo de vida, motivo pelo qual continuava dirigindo um Fusca velho muito tempo depois de ter se tornado multimilionário. O que economizou ao dirigir um carro barato deixou-lhe mais dinheiro para investir e se tornar ainda mais rico.

A conclusão é a seguinte: quando Warren procura um administrador, quer alguém que aplique a "consciência de custo" ao seu modo de vida, não apenas quando a empresa está prestes a falir. Cortar custos é a forma mais rápida e mais fácil de aumentar a receita tanto da empresa quanto dos bens pessoais. O que significa que é a maneira mais fácil de enriquecer (e ser fácil é sempre bom quando se trata de ganhar dinheiro).

CAPÍTULO 11

Tenha uma visão de longo prazo

Há várias coisas em comum entre administração e investimento. Ser um administrador tornou-me um melhor investidor e ser um investidor tornou-me um melhor administrador.

– WARREN BUFFETT

Warren investe há muito tempo. As empresas que têm uma economia excepcionalmente rentável sempre atraem investimentos. Essa perspectiva a longo prazo é a fonte que produziu sua grande fortuna. A maioria dos administradores de empresas tende a trabalhar com uma perspectiva de prazo inferior a um ano. Eles vivem em um mundo definido por resultados trimestrais e anuais. Se superarem as projeções trimestrais ou anuais, obterão bonificações gordas e serão promovidos. Se não cumprirem as projeções trimestrais ou anuais, cabeças começarão a rolar. Isso faz com que a administração se concentre em prazos mais curtos.

Este foco a curto prazo praticamente mata qualquer planejamento a longo prazo que a administração decida fazer. Os administradores são levados a determinar os números a curto prazo pelo custo do planejamento a longo prazo; normalmente eles não têm planos para explorar futuras oportunidades nem se planejam com antecedência para uma possível recessão. Isto é uma administração reativa que se opõe a uma proativa, praticada por Warren. Fazendo investimentos, Warren aprendeu que a perspectiva a longo prazo que lhe foi tão útil no aspecto pessoal também lhe seria importante profissionalmente. Uma das primeiras coisas que Warren pede aos seus administradores ao entrarem na empresa é deixar de se preocupar com os altos e baixos da economia a curto prazo e se concentrar no trabalho para fortalecer e tornar a empresa viável a longo prazo.

Outra lição que Warren aprendeu é que todo foco administrativo intenso a curto prazo tende a transformar esses administradores em maus distribuidores de capital. Isso cria dois grandes problemas. O primeiro é que a administração poderá jogar fora um bom dinheiro em um negócio medíocre quando já deveria ter investido esse capital de outra forma. O segundo é que a administração, quando tenta alocar capital fora de seu ramo principal, quase sempre acaba ludibriada pela falsa promessa de prosperidade a um preço inflacionado. Warren frequentemente cita a malsucedida aventura da Coca-Cola no cinema como perfeito exemplo de uma grande empresa jogando dinheiro fora num mau empreendimento.

Quando Warren comprou as ações da Berkshire Hathaway, ela era uma companhia medíocre que gastava mais do que faturava, numa tentativa desesperada de competir com as empresas têxteis estrangeiras. Depois de adquirir o controle da empresa, Warren percebeu que ela estava falindo, então deixou de aplicar o capital de giro da Berkshire na atividade têxtil e usou-o para comprar uma companhia de seguros, uma empresa mais rentável a longo prazo. Como ele sabia que a atividade têxtil não daria certo e que os seguros seriam um negócio mais vantajoso? Warren passou um bom tempo estudando uma grande quantidade de empresas e conhecia as de longo prazo. Da mesma forma, sabia que a empresa têxtil não era um bom negócio, e não importava quanto dinheiro ele investisse, sua economia básica nunca iria prosperar. Por fim, a Berkshire teve de encerrar suas operações têxteis, mas, a essa altura, suas atividades de seguros já haviam progredido o suficiente para ajudar a Berkshire a se transformar na potência financeira que é hoje.

Os administradores que dirigiram as operações têxteis da Berkshire teriam gasto todo o dinheiro da empresa tentando manter a concorrência com os fabricantes estrangeiros. Os acionistas da Berkshire tiveram sorte por Warren ter percebido o futuro do ramo têxtil e investido o capital de giro da empresa num empreendimento que apresentava prospectos muito melhores a longo prazo.

Finalmente, Warren aprendeu que, ao procurar um bom administrador, deve procurar também um bom investidor, cuja responsabilidade seja investir o dinheiro da organização em pessoas, produtos e novas empresas – mantendo sempre uma perspectiva a longo prazo.

CAPÍTULO 12

Como fixar salários

Se você tiver um excelente diretor,
terá vontade de remunerá-lo muito bem.

– WARREN BUFFETT

Excelentes diretores são como excelentes técnicos de futebol – poucos e raros. Como saber se um diretor é bom ou não? Nem todas as empresas são iguais: algumas têm uma economia medíocre, enquanto outras são excepcionais. Aquelas que apresentam uma economia excepcional, em geral, fazem com que até maus diretores pareçam bons. Por outro lado, mesmo um excelente diretor pode parecer menos sensacional ao administrar uma empresa medíocre. Como saber a diferença? Warren verifica a produtividade de um diretor comparando seu desempenho com o de outros dentro da mesma área.

Por exemplo, se temos uma empresa que fatura 20% sobre as ações de seus investidores, podemos pensar que o diretor é excelente e pagar-lhe uma boa gratificação no final do ano. No entanto, podemos não estar ganhando tanto quanto outras empresas do mesmo setor. Devemos pagar uma gratificação ao nosso diretor por nos dar um resultado medíocre em comparação a outras empresas dentro da nossa área? Para Warren a resposta é não: desempenho medíocre em uma empresa excepcional não o inspira a desembolsar uma polpuda gratificação no final do ano.

O oposto é verdadeiro em relação a uma empresa com economia medíocre. Se a empresa fatura 5% sobre as ações, poderíamos concluir corretamente que, em comparação a todas as demais, ela apresenta um resultado baixo. No entanto, ao compará-la a outras empresas que exploram a mesma atividade, podemos descobrir que o resultado é elevado, o que indicaria que nosso diretor nos colocou à frente das outras e, por esse motivo, deve ser regiamente recompensado.

Warren acredita piamente na gratificação baseada no desempenho, desde que se fundamente no valor acrescido pelo diretor e não na economia inerente da empresa. No mundo de Warren, as bonificações são pagas de acordo com a verdadeira contribuição do diretor à economia subjacente da empresa, e não com quanto a economia subjacente da empresa realçou o desempenho do diretor.

QUARTO PASSO

Motive sua força de trabalho

Warren percebeu desde cedo que, se teria de delegar a ponto de abdicar, sua primeira função seria motivar os diretores a alcançar níveis excepcionais de desempenho. Depois de encontrar as empresas certas e posicionar os diretores adequadamente, a única coisa a fazer seria motivá-los a dar tudo de si.

Nesta parte do livro, apresentamos a habilidade de motivação administrativa que Warren aplica. Explicamos o que ele aprendeu com Carnegie e outros e como adaptou seu aprendizado a um estilo administrativo de sucesso. Desde a primeira impressão, ao usar elogios, ao compreender os perigos da crítica, ao uso sutil da sugestão... Warren é um mestre para inspirar e influenciar seus diretores. Começamos examinando o modo como usa a primeira impressão para armar a cena.

CAPÍTULO 13

Cause uma boa primeira impressão

Quando conhecer alguém, seja amigável.

– WARREN BUFFETT

Beryl Raff era uma bem-sucedida executiva de Dallas, à frente do departamento de vendas a varejo de joias da J. C. Penney. Então, na primavera de 2009, ela recebeu uma ligação de um contato profissional, perguntando se estaria interessada em fazer uma entrevista de emprego para o cargo de CEO das Lojas de Diamantes Helzberg, da Berkshire. Helzberg é uma cadeia de 240 joalherias com noventa anos de mercado. Era a grande loja do "Rei do Diamante", Barnett Helzberg, antes de ser comprada pela Berkshire.

Beryl há muito admirava Warren e sua empresa, a Berkshire Hathaway. Ela conhecia a qualidade das pessoas que trabalhavam para ele, o número das grandes empresas que possuía e a reputação como CEO iluminado. Ela sabia quanto os diretores o elogiavam, então considerou que a oportunidade de trabalhar para uma pessoa tão admirável poderia ser a chance de sua vida. Apenas poder falar com Warren já seria um ponto alto em sua carreira. O que ela não esperava era que Warren fosse buscá-la no aeroporto pessoalmente, com seu Cadillac dourado. Ao perceber quão nervosa Beryl estava, Warren logo a tranquilizou. Ela descobriu o quanto ele era espirituoso e encantador. Depois de passar algumas horas no escritório respondendo a perguntas sobre o que pensava de joias, Warren levou-a para almoçar no clube de campo e mostrou-lhe a cidade. Só então ofereceu-lhe o emprego. Ela pensou no assunto por alguns dias e resolveu aceitá-lo. Desde então, está muito feliz. Beryl diz que, mesmo há apenas poucos meses no novo emprego, já se sente parte da extensa família de Warren.

Warren reconhece a importância de causar uma boa impressão em um primeiro encontro. Começou o encontro com Beryl indo buscá-la e dando-lhe uma carona. Foi gentil, engraçado, amigável e queria que ela se sentisse à vontade. Levou-a para almoçar e deu-lhe toda a atenção. Qual a primeira impressão que ela teve? "Está aí uma pessoa para quem eu adoraria trabalhar." Warren continua fazendo com que ela se sinta uma pessoa especial dentro da família da Berkshire Hathaway. Ela disse que morre de medo de desapontá-lo.

Imagine se Warren tivesse feito exatamente o contrário? E se não tivesse ido buscar Beryl no aeroporto? E se ela tivesse de pegar um táxi? Imagine se não a convidasse para almoçar, nem ouvisse o que ela tinha a dizer? Sua primeira impressão poderia ter sido vê-lo como um bilionário presunçoso querendo apenas que ela ganhasse ainda mais dinheiro para ele: o tipo de chefe para quem ela não gostaria de trabalhar. Se o contrário tivesse acontecido, provavelmente, não teria aceitado a oferta de emprego.

A regra é simples: se quiser que algo dê certo, o primeiro encontro deve ser bastante amigável. Como Warren descobriu, é a única forma que vale realmente a pena.

CAPÍTULO 14

O poder do elogio

> **Todo mundo tem uma profunda necessidade de ser reconhecido.**
>
> – WARREN BUFFETT

Warren reconhece que todos têm necessidade de se sentir importantes. É algo quase biológico. William James, psicólogo e filósofo americano, afirmou: "O sentimento mais arraigado da natureza humana é a necessidade de ser reconhecido". Warren concorda com essa afirmativa.

Um dos primeiros grandes diretores que Warren estudou foi Charles Schwab, ex-presidente da United States Steel Company. Schwab foi o primeiro diretor a se destacar e o primeiro CEO a receber um milhão de dólares por ano. O que fez com que Schwab se tornasse o diretor mais respeitado de sua época não foi seu conhecimento sobre a indústria do aço, que chegou a admitir não ser tão grande, mas a capacidade de incentivar os funcionários. Ele conseguiu isso através de reconhecimento e estímulo.

Schwab disse: "Considero a capacidade de inspirar entusiasmo como meu maior trunfo. O reconhecimento e o estímulo desenvolvem o que há de melhor em cada um. Não há nada que aniquile mais as ambições de uma pessoa do que as críticas de um chefe ou de um superior hierárquico. Nunca critico ninguém. Acredito que devemos incentivar as pessoas a trabalhar. Então, estou pronto a elogiar, mas detesto encontrar erros. Se gosto de algo, reconheço e elogio abertamente".

Schwab observou que seu chefe Andrew Carnegie chegava ao ponto de elogiar os funcionários tanto em público quanto em particular. Warren segue o conselho de Schwab como uma religião, elogiando funcionários e diretores nas pequenas coisas e soltando rojões nas grandes. Ele é um líder de torcida assumido e o maior fã de seus funcionários. Nunca perde a chance de elogiar os diretores pessoalmente, nas assembleias anuais da Berkshire ou nos relatórios anuais. Warren aprendeu com Schwab que, ao elogiar as pessoas por seus pequenos feitos, elas se empenhariam para receber elogios cada vez maiores.

Para Warren, o elogio é, na verdade, um pagamento que mantém a dedicação.

CAPÍTULO 15

A reputação do poder

> Dê a seus funcionários uma boa reputação
> a zelar, e elogie-os sempre que puder.
>
> – WARREN BUFFETT

Warren aprendeu com Carnegie a importância de dar aos funcionários uma boa reputação a zelar. Ele chamava a atenção de seus leitores para essa questão contando-lhes a seguinte história:

Um diretor trabalhava com um antigo funcionário de confiança, que havia começado a ficar entediado e ser negligente em seu trabalho, reduzindo a produtividade e eficiência. O diretor ponderou suas opções. Poderia demitir o funcionário antigo, mas, como consequência, teria de substituí-lo. Poderia ameaçá-lo com uma demissão, mas provavelmente ele ficaria ressentido. Em vez disso, preferiu conversar em particular, como amigo. Disse-lhe que era um dos melhores funcionários, que servia de inspiração para os outros e que muitos clientes sempre elogiavam sua proficiência. Mas, ultimamente, sua produtividade havia caído. O diretor disse que estava preocupado e queria saber se poderia fazer algo para ajudá-lo. Como o funcionário reagiu? Ao descobrir que tinha uma boa reputação a zelar, voltou a ser eficiente no trabalho, melhorou o nível de produção e voltou a ser o funcionário que os demais admiravam.

Warren elogia seus diretores como os melhores dentro do ramo. Ele destaca essa admiração nas cartas anuais aos acionistas da Berkshire, faz elogios na assembleia anual da Berkshire e menciona-os nas entrevistas que concede à imprensa.

Conselho a Bono

A teoria de Warren de conferir aos seus diretores uma boa reputação a zelar corresponde ao conselho que deu ao astro do rock Bono Vox. O músico perguntou a Warren o que deveria fazer para que os americanos o ajudassem no projeto de combate à pobreza na África. Warren respondeu-lhe: "Não apele para a consciência dos americanos. Apele para a grandeza americana e conseguirá aquilo que quer".

Apelar para a consciência de uma pessoa significa incitar subliminarmente sua noção do que está certo ou errado. "Que tipo de pessoa é você que não ajuda os pobres e famintos da África?" Isso provoca um sentimento de culpa. Tendemos a rejeitar quem nos faça sentir culpados. De fato, passamos a maior parte do tempo tentando evitar essas pessoas.

Em vez disso, Warren aconselhou Bono a apelar para o sentimento de grandeza do povo americano. Imagine como uma declaração como essa – que provoca sentimento de culpa nas pessoas – teria feito os americanos reagirem: "Vejam todas essas pobres pessoas morrendo de fome na África; e vocês, o país mais rico do mundo, vão ficar aí parados, vendo-os morrer de inanição?". Agora, compare com a seguinte frase: "Vocês são a nação mais inteligente do planeta; venceram a Segunda Guerra Mundial, quando isso parecia impossível, e atravessaram o céu para colocar o homem na Lua. Quando me defrontei com o problema de como ajudar essas pobres almas sofredoras na África, pensei: a quem eu devo recorrer? Então, me veio a resposta: eu deveria recorrer à maior nação do mundo, que consegue solucionar os problemas mais difíceis, a única nação que faz o impossível". Warren aconselhou Bono a apelar para o sentimento de orgulho dos americanos, o sentimento de grandeza, a sua boa reputação. Dê a uma pessoa ou a uma nação uma boa reputação a zelar e elas irão mantê-la. Faça com que se sintam culpados e envergonhados, e acabarão por decepcioná-lo.

Usar o sentimento de culpa é pouco produtivo. Apelar para a grandeza das pessoas funciona para Warren e funcionará para qualquer um. E, o mais importante, serve para os funcionários e diretores que queremos inspirar.

CAPÍTULO 16

Os perigos da crítica

> Usar críticas para motivar uma pessoa é algo fútil, pois coloca-a na defensiva, fere seu amor-próprio, atinge sua autoestima e provoca ressentimento.
>
> – WARREN BUFFETT

Warren descobriu que críticas gratuitas são algo que todos detestam ouvir. Provoca ressentimento. Faz com que mudemos cedo demais da casa de nossos pais. Tem sido o motivo do fracasso de muitos casamentos. Apesar disso, muitos cometem o erro de criticar os outros de graça, especialmente no local de trabalho. Warren aprendeu há muito tempo que a crítica não era a maneira certa de inspirar seus diretores: não produz mudanças duradouras e acaba com qualquer chance de relacionamento de trabalho produtivo.

Em vez de criticar os diretores quando eles erram, Warren tenta compreender o que aconteceu e por que houve aquele erro de julgamento. Ele observa os diretores e o ambiente de trabalho e se coloca no lugar deles. Quando os diretores assumem riscos inteligentes, Warren concede-lhes o luxo de poder errar algumas vezes.

Vamos observar Warren em ação.

David Sokol é um dos principais diretores de Warren; ele administra a MidAmerican Energy Company da Berkshire. David, certa vez, gastou US$ 360 milhões num projeto de zinco que não deu certo e teve de lançar o prejuízo. David esperava ser demitido por Warren depois desse imenso erro de julgamento. Em vez de demiti-lo ou crivá-lo de críticas, Warren, após ouvir as más notícias, simplesmente disse a David: "Todos nós cometemos erros". Warren comentou que havia cometido erros ainda maiores durante sua gestão na direção da Berkshire Hathaway e disse a David para aprender com o erro, mas para não continuar errando.

David concordou e nunca mais cometeu o mesmo erro. Ao contrário, nos últimos nove anos, tem apresentado um desempenho exemplar, fazendo com que as operações de energia da Berkshire se tornem uma das mais lucrativas do mercado.

Se Warren o tivesse censurado, zombado de sua inteligência e conhecimento e criticado, David passaria a desprezá-lo e, com certeza, não se sentiria motivado a continuar, impedindo que a MidAmerican Energy de Warren se transformasse na megaindústria rentável de hoje.

Elogie pelo nome, critique pela categoria

Warren sabe que os elogios e as críticas são as ferramentas mais importantes que um diretor pode usar. Se usadas corretamente, elas podem inspirar os funcionários a se dedicar ao trabalho com criatividade e ser bem-sucedidos. Se usadas incorretamente, podem destruir o ânimo, a ambição e a criatividade e, quase sempre, levar ao fracasso. Warren acha que aprender a usar bem os elogios e as críticas é a primeira tarefa motivacional de um administrador. Um diretor que compreende perfeitamente esse desafio tem a capacidade de motivar os outros a serem bem-sucedidos, independentemente do que façam, seja motivar uma equipe de produção a ser mais eficiente ou fazer com que os filhos terminem o dever de casa.

Warren é um gênio ao elogiar ou criticar. Sua regra é simples: elogie pelo nome e critique pela categoria. Vejamos o que ele quer dizer com isso.

Todos esperam ouvir elogios. Nada nos faz sentir melhor em relação a nós mesmos ou nos inspira mais a fazer algo benfeito desde a mais tenra idade, quando ansiamos ouvir elogios de nossos pais, depois esperamos recebê--los dos professores e, no local de trabalho, de nossos chefes. Precisamos dos elogios: eles nos indicam que estamos no caminho certo e nos fazem continuar e nos superar.

Ninguém gosta de ouvir críticas. Nada destrói mais nossa autoconfiança do que sermos criticados por algo que fizemos ou deixamos de fazer. Nada conseguirá nos motivar menos. Odiávamos ouvir críticas quando crianças e odiamos ouvi-las agora como adultos. A crítica significa que compreendemos mal, que esse não é o caminho certo para nós, que devemos parar o que estamos fazendo e tentar novamente, ou desistir e fazer algo diferente. Normalmente, não gostamos de quem nos critica, o que significa que não ouviremos o que é dito: somos insensíveis a críticas.

Nada nos trará mais amigos do que elogiar e nada nos trará mais inimigos do que criticar.

Poucos diretores sabem como lidar com os elogios e as críticas. Esse é um dos maiores segredos administrativos de Warren: usar tanto elogios quanto críticas para fazer com que alguém se aprimore.

Warren monta a cena com elogios, prestigiando tanto os pequenos feitos quanto os grandes. Ele nunca perde a chance de elogiar os diretores, mas também possui uma memória excepcional e é um mestre em elogiar pessoas chamando-as pelo nome. Por quê? Porque nada é mais agradável do que o som do nosso próprio nome. Leia qualquer relatório anual feito por Warren Buffett e verá que está repleto de elogios aos seus diretores, todos mencionados pelo nome. Ele é bastante generoso ao distribuir elogios.

Warren coloca os diretores em uma posição confortável e faz com que se sintam especiais ao continuar a elogiá-los tanto pessoalmente quanto por escrito. O trabalho começa a ser mais do que um mero lugar para ganhar dinheiro: torna-se um lugar para aumentar a autoestima.

Como os diretores o respeitam, confiam nele e têm certeza de que Warren realmente está interessado em ajudá-los, ele desfruta de uma posição muito favorável para aconselhá-los. Aqui ele aplica também um pouco de sua "mágica": jamais critica um diretor de forma direta. Quando um gerente, com quem tenha construído um relacionamento sólido, pede uma opinião profissional, e Warren não está de acordo, ele sugere isso de forma sutil, deixando o próprio diretor tirar as conclusões. Uma resposta clássica de Warren ao ouvir a ideia de um gerente seria dizer que parece interessante e, em seguida, contar uma história, em que ele, Warren, ou outro empresário, teve uma ideia parecida, que não funcionou, deixando que o diretor chegue a essa conclusão sozinho.

Warren aplica a mesma teoria quando fala sobre o mundo em geral – ele é rápido para elogiar um banqueiro por sua integridade, mas, se não está satisfeito com ele, apenas criticará a profissão de forma genérica. O banqueiro livra a cara e Warren expressa sua opinião sem perder um amigo.

Como Warren diz: "Elogie a pessoa, critique a categoria".

Se precisar criticar alguém pessoalmente, elogie-o antes

Embora saiba que a crítica pessoal seja daninha, Warren é bastante realista. Reconhece que, em alguns casos, a crítica seja inevitável. Quando a crítica pessoal é necessária, ele segue o conselho de Carnegie, para quem devemos primeiro elogiar a pessoa. Uma crítica isolada é quase sempre prontamente rejeitada. No entanto, quando precedida de um elogio, a pessoa que recebe a crítica se sente mais propensa a ouvir a sugestão.

Encaramos quem nos elogia como um amigo, uma pessoa de quem gostamos. Suas opiniões são importantes para nós. O elogio gera a confiança necessária para que a crítica construtiva possa ser ouvida e aceita.

Warren usou o modelo de elogio/crítica para pacificar os acionistas da Berkshire, zangados com ele por investir na PetroChina – porque a matriz da PetroChina, a China National Petroleum Corporation (CNPC), estava investindo no Sudão. Depois de os acionistas protestarem, Warren começou elogiando a consciência social e o respeito pela gravidade da situação no Sudão. Somente então criticou a posição deles, dizendo que, uma vez que a PetroChina era uma subsidiária da CNPC, a Berkshire não teria como influenciá-la.

Aqui estão alguns exemplos genéricos do modelo de elogio/crítica:

- Empresa: "Johnny, você está respondendo muito bem à correspondência diária. Seu desempenho é melhor do que do rapaz que fazia esse serviço antes. Estou muito satisfeito com seu trabalho. No entanto, o modo como tem lidado com as reclamações dos clientes ainda está um pouco seco. Posso fazer algumas sugestões?"

❯ Família: "Vejo pelo seu boletim que está com boa nota em gramática, o que é excelente. Estou orgulhoso de você estar se saindo tão bem. No entanto, parece que está tendo problemas em matemática. Tive os mesmos problemas na sua idade e pensei se gostaria que eu o ajudasse a superar essa dificuldade."

A regra aqui é bem direta: evite criticar sempre que possível, mas quando for necessário, elogie antes a pessoa, e depois critique de forma genérica. Se não funcionar, elogie a pessoa antes de criticá-la diretamente. Essa forma funciona para Warren e dará certo para quem se dispõe a iniciar uma conversa com um elogio.

CAPÍTULO 17

Como vencer uma discussão

Às vezes, para vencer uma discussão, é necessário perdê-la.

– WARREN BUFFETT

Warren aprendeu, desde o princípio, que o modo de vencer uma discussão era, antes de tudo, não entrar em uma. Corrigir alguém de forma direta poderia causar constrangimento e, no fim, a pessoa acabaria ressentida. Warren aprendeu com Carnegie que, em vez de discutir com alguém, era melhor concordar para ganhar confiança dessa pessoa e, finalmente, fazer com que suas ideias fossem ouvidas. Warren aceita essa filosofia. Por isso, ele se tornou famoso por contornar conflitos e evitar discussões.

Warren também é conhecido por ouvir as pessoas e respeitar opiniões, mesmo contrárias às suas. A capacidade de concordar com os outros faz com que eles baixem a guarda e ouçam o que Warren tem a dizer. Ele sabe que fazer com que a outra pessoa ouça é o primeiro passo para ganhar qualquer discussão.

Por exemplo: se o jovem Warren, como vendedor de ações, oferecesse títulos da Geico e visitasse um possível cliente que preferisse investir na Philip Morris, Warren, em vez de discordar, diria que a Philip Morris era uma grande empresa e um sábio investimento. Isso poria imediatamente um fim a um eventual conflito e permitiria que Warren falasse sobre as maravilhosas qualidades da Geico a seu futuro cliente.

A influência de Benjamin Franklin

A sabedoria de Benjamin Franklin, um dos fundadores dos Estados Unidos, teve um papel muito importante na educação tanto de Warren quanto de seu sócio Charlie Munger. Nas assembleias dos acionistas da Berkshire e nos relatórios anuais, ambos citam a influência de Franklin sobre a filosofia empresarial e pessoal de cada um. Assim, não é surpresa que a estratégia de Franklin de evitar discussões e respeitar as opiniões alheias tenha aberto caminho nos modos sinuosos de fazer com que suas ideias fossem ouvidas. Selecionamos um trecho da autobiografia de Benjamin Franklin, em que Warren encontrou correspondência.

> Passei, como regra, a deixar de contradizer de forma direta as opiniões dos outros e a reprimir todas as afirmações positivas de minha parte. Até me proibi de usar palavras e expressões de linguagem que apresentassem uma opinião fixa, como "Certamente", "Sem dúvida" etc. Em vez disso, passei a dizer: "Imagino", "Creio", ou "Suponho" que algo seja de algum modo; ou, "Assim me parece no momento". Quando uma pessoa dizia algo que eu julgasse errado, eu me negava o prazer de contradizê-la de forma abrupta e apontar-lhe imediatamente algum absurdo em sua proposição. Ao responder, iniciava observando que, em algumas circunstâncias, sua opinião seria certa, mas que, naquele caso, parecia haver, para mim, alguma diferença etc. Logo descobri a vantagem nessa mudança de atitude: as conversas transcorriam de modo muito mais agradável. A forma modesta como apresentava minhas opiniões provocava uma aceitação mais rápida e menos oposição. Eu era menos censurado quando errava e conseguia que os outros abrissem mão mais facilmente de seus pontos de vista equivocados e me apoiassem quando eu estava certo.

Franklin explicou que a capacidade de convencer os compatriotas a seguir suas ideias resultou dessa conduta. Warren aprendeu que evitar discussões e aceitar a opinião dos outros é um dos segredos para ser ouvido, uma habilidade muito útil quando se quer construir uma imensa fortuna ou uma grande nação.

CAPÍTULO 18

Ouça as vontades e necessidades do outro

Quando quiser que alguém faça alguma coisa, pare de pensar naquilo que você quer e comece a pensar no que a outra pessoa quer.

– WARREN BUFFETT

Warren aprendeu que descobrir o que seus diretores queriam ou precisavam e ser capaz de atender aos seus desejos e necessidades é um dos grandes segredos para ser bem-sucedido como administrador e empresário.

Nessa área, uma das primeiras influências de Warren foi Henry Ford, o grande industrial do século XX. Ford, em sua autobiografia, disse: "Se há algum segredo para o sucesso, está na capacidade de compreender o ponto de vista do outro e ver pelo lado dele, assim como pelo seu".

Warren incorporou essa ideia tanto para a vida familiar quanto para a profissional. Quando queria que os filhos fizessem algo ou mudassem de comportamento, em vez de reclamar ou criticá-los, descobria aquilo que queriam. Se queria que eles perdessem peso, oferecia-lhes uma recompensa pelo peso perdido, o que correspondia ao desejo adolescente de ganhar dinheiro rapidamente.

Quando procura uma empresa familiar para comprar e incorporar à Berkshire Hathaway, Warren concentra-se no orgulho do dono da empresa.

Ele entende que o dono queira vender a empresa pelo maior preço possível, que precisa garantir que seus funcionários leais recebam aquilo que merecem e que, depois de comprada, a empresa não seja quebrada e vendida aos pedaços. Ao longo dos anos, Warren incentivou mais de uma dezena de empresários a lhe vender suas empresas, mesmo sabendo que poderiam receber mais dinheiro de outras empresas de aquisição patrimonial. No caso da Nebraska Furniture Mart, a proprietária Rose Blumkin recebeu a oferta de US$ 80 milhões por sua empresa de um conglomerado alemão. Ela queria o dinheiro, mas realmente não desejava abandonar a direção da empresa que construíra e que tanto amava. Então, em vez de vender a empresa aos alemães, vendeu noventa por cento para Warren, por US$ 40 milhões, porque ele concordou que Sra. B. e os filhos permanecessem e continuassem conduzindo a empresa. Warren ganhou uma empresa fantástica a um bom preço, com a brilhante Sra. B. e sua equipe administrativa de estrelas junto, tudo por compreender o que ela queria.

Não há dúvida de que A. L. Ueltschi, fundador e presidente da FlightSafety, teria recebido mais dinheiro se a tivesse vendido a uma empresa de aquisição patrimonial, mas Warren entendeu seu desejo e propôs-lhe a melhor oferta: uma tonelada de dinheiro e a chance de continuar trabalhando no que ele gosta. O que Warren ganhou? Um empreendimento fantástico – dirigido por um verdadeiro gênio – a um preço que ainda o faz sorrir até hoje.

Existe algo melhor do que isso?

CAPÍTULO 19

Encoraje as pessoas a produzir as ideias certas

> Fazer alguém ter a ideia certa é um instrumento
> motivacional muito mais poderoso do que
> simplesmente oferecer-lhe uma ideia pronta.
>
> – WARREN BUFFETT

Warren é conhecido por contratar pessoas e não dizer a elas o que irão fazer. Em vez disso, deixa que elas estabeleçam seus padrões e objetivos. Invariavelmente, passam a exigir muito mais de si mesmas do que ele exigiria. Os diretores que trabalham para Warren diriam que, apesar de ele nunca lhes dizer o que espera deles, sabem que sua expectativa é muito elevada. Seu silêncio faz com que os diretores imaginem que Warren espera bastante, e isso se torna uma realidade que impulsiona seu desempenho.

Diga a alguém para fazer uma coisa e isso se transforma em ordem. Ninguém gosta de receber ordens. Resistimos a uma pessoa que nos dê ordens. No entanto, se a ideia for "nossa", passaremos a segui-la e agir com propósito e convicção. Assumimos o controle.

Um exemplo perfeito é uma história motivacional que Carnegie costumava contar sobre um diretor de vendas de uma concessionária de automóveis. O diretor, depois de muitas tentativas fracassadas de motivar seus vendedores, reuniu a equipe de vendas e pediu que lhe dissessem o que esperavam dele como diretor. Enquanto ouvia as respostas, anotou-as no quadro-negro. Então, perguntou o que poderia esperar deles. Responderam imediatamente que ele poderia esperar honestidade, dedicação, iniciativa e otimismo. Eles estabeleceram seus próprios padrões. Chegaram a atingir esses padrões? Não só os atingiram, como os ultrapassaram, batendo recordes de vendas.

Este é um conceito muito simples e fácil de colocar em prática no dia a dia. Veja alguns exemplos:

> Em vez de proibir uma pessoa de fazer algo, ilustre as consequências negativas dessa ação. "Não nade no lago" torna-se "Há crocodilos no lago que gostam de comer criancinhas". A criança, então, pensa que os crocodilos irão devorá-la e se mantém longe do lago.

> Em vez de mandar uma pessoa fazer algo, ilustre as consequências positivas dessa ação. "Quero um aumento de vendas" torna-se "Se as vendas aumentarem, eu me sentiria muito feliz e pagaria bonificações maiores no Natal". Os funcionários percebem que um aumento nas vendas seria compensatório.

> Se quiser controlar seus filhos, tente usar esse mesmo método. Reúna-os no início do ano letivo e pergunte-lhes o que esperam de você durante o ano. Faça uma lista de suas expectativas e discuta-as com eles. Quando terminarem e estiverem satisfeitos, concorde com o que disseram. Então, pergunte o que poderá esperar deles. Certamente ficará chocado com o nível de expectativa que estabelecerão para si mesmos.

Faça perguntas em vez de dar uma ordem direta

Como dissemos, Warren é famoso entre os diretores por nunca dar uma ordem direta. Ele também é conhecido por enchê-los de perguntas.

Warren reconhece que ninguém gosta de receber uma ordem direta, assim como ninguém gosta que digam o que fazer. Diretores mandões normalmente são detestados e os últimos a inspirar os funcionários a se superar.

Uma ordem direta pode dar certo entre os militares, mas entre os civis pode provocar amargura por um bom tempo, o que mina o desempenho.

Warren descobriu que grandes administradores dão ordens de forma indireta, apenas fazendo sugestões. Um modo de fazer uma sugestão é simplesmente perguntar. Uma pergunta torna a sugestão mais palatável e, em geral, faz com que os funcionários apresentem soluções para o problema. Temos uma tendência maior para agir a partir de nossas próprias ideias do que das ideias dos outros, especialmente quando recebemos uma ordem. Sempre é melhor deixar que pensem por conta própria. Se não for possível, damos um empurrãozinho na direção certa fazendo uma sugestão em forma de pergunta.

Aqui estão alguns exemplos de como usar perguntas para transformar uma ordem direta, que poderia ofender funcionários, em uma sugestão que os estimula a agir de forma espontânea.

- Ordem direta: "Quero esse serviço pronto até segunda-feira". Sugestão: "Seria ótimo se o trabalho estivesse pronto na segunda-feira. Acha que consegue isso?".

- Ordem direta: "Reduza a velocidade, está dirigindo muito rápido!". Sugestão: "As pistas estão escorregadias. Não acha que se diminuísse a velocidade seria mais seguro para dirigir?".

- Ordem direta: "Não é assim que se faz isso". Sugestão: "Consegue pensar numa forma melhor de fazer isso?".

- Ordem direta: "Quero que faça deste jeito". Sugestão: "Acha que se fizéssemos deste modo o resultado seria melhor?".

- Ordem direta: "Quando estivermos no zoológico, quero que fique ao meu lado". Sugestão: "Pode me dar o prazer de ficar ao meu lado no zoológico?".

Warren raramente dá uma ordem direta, mas é conhecido por fazer muitas perguntas a seus diretores. Agora já sabemos o porquê.

CAPÍTULO 20

Todos cometem erros – admita isso!

> Quando erramos, devemos admitir
> o erro de forma rápida e enfática.
>
> – WARREN BUFFETT

Warren acredita que, ao cometermos um erro, devemos percebê-lo e admiti-lo de forma rápida e enfática. Deixar de fazê-lo dá impressão de que estamos tentando esconder algo, ou de que não temos coragem nem integridade para admitir nosso erro. Esse tipo de comportamento faz com que nos tornemos suspeitos. Ninguém suporta uma pessoa que está sempre certa, nem alguém que não sabe reconhecer um erro. E se não sabe reconhecer um erro, no que mais estará mentindo? Na contabilidade, talvez?

Da mesma forma, administradores que não reconhecem ou se recusam a admitir os erros geram um tipo de desconfiança prejudicial entre os funcionários. Deixam de ser respeitados, tornam-se maus exemplos e menos confiáveis em relação à sua orientação e conselhos administrativos.

Warren está sempre atento aos erros que comete, reconhece os próprios enganos diante de seus diretores e é o primeiro a admitir aos acionistas quando se equivocou. E eles o adoram por isso. Quando fez recentemente um mau investimento em dois bancos na Irlanda, que custou à Berkshire centenas de milhões de dólares, Warren foi o primeiro a perceber. Quando pôs a perder um investimento na ConocoPhillips, uma empresa petrolífera que comprou quando o petróleo estava a US$ 140 o barril, seu engano custou à Berkshire US$ 2 bilhões, mas não hesitou nem um segundo para admitir seu erro diante dos acionistas da empresa. Não tentou jogar a culpa em ninguém, nem dizer que outras pessoas tinham cometido o mesmo engano: apenas assumiu seu erro de julgamento e afirmou que esse equívoco fora exclusivamente dele.

Ao admitir a culpa rapidamente, Warren ganha confiança dos funcionários e acionistas e, ao mesmo tempo, evita os revezes políticos que derrubaram grandes homens em todos os tempos.

QUINTO PASSO

Armadilhas, desafios e oportunidades de aprendizado na administração

Os capítulos finais deste livro incluem alguns dos axiomas mais importantes de Warren em relação a diversos assuntos, como o perigo de fazer empréstimos muito altos, lidar com funcionários que agem de forma ilícita, perder boas ideias, cometer enganos, lidar com bajuladores, desperdiçar oportunidades, ser um visionário e ter um pouco de sabedoria para administrar a vida. Tudo foi aprendido do modo mais duro, pela experiência. Considere-os, pois o ajudarão não apenas a evitar problemas administrativos como também poderão auxiliá-lo a se livrar deles.

CAPÍTULO 21

Os perigos ocultos de viver de empréstimo

Os caminhos de uma empresa estão cheios de armadilhas. O plano que procura escapar de todas elas é um desastre.

– WARREN BUFFETT

Administradores de empresas que precisam tomar muito dinheiro emprestado estão apostando que jamais terão de enfrentar um revés financeiro. Seu plano empresarial exige escapar de todos os problemas possíveis. Mesmo as empresas mais bem administradas não conseguem escapar de problemas se tiverem excesso de financiamentos. Por esse motivo, a cada vinte anos, mais ou menos, ocorre uma crise bancária. Os bancos são os reis do empréstimo: precisam tomar emprestado todo o dinheiro que emprestam. Grande parte desse dinheiro foi emprestado a curto prazo e financiado a longo prazo. Quando os financiadores que cederam o dinheiro a curto prazo cobram o empréstimo e o banco não possui recursos para pagar, as coisas começam a dar errado.

As mudanças econômicas oferecem várias oportunidades se tivermos dinheiro em caixa para aproveitar a vantagem. Mas essas transformações também podem ser um desastre se estivermos muito endividados para sobreviver a elas. A vida é cheia de variações econômicas – sempre foi e sempre será.

> *Empréstimos são tentadores e sempre trazem problemas.*
> – WARREN BUFFETT

A tentação do empréstimo é que ele pode melhorar de forma acentuada o desempenho de qualquer empresa para o administrador que souber como aplicá-lo. Vamos dizer que, num ano normal, a empresa que você administra tenha registrado um lucro de US$ 6 milhões sem qualquer dívida. Há uma oportunidade empresarial que custa US$ 100 milhões, mas que irá lucrar US$ 15 milhões ao ano. Atraente, não é? A pegadinha é que sua empresa não tem os US$ 100 milhões necessários para financiar o negócio. Seu amigo banqueiro está mais do que inclinado a lhe conceder um empréstimo de US$ 100 milhões, se concordar em pagar US$ 10 milhões de juros ao ano. Isso significa que, depois de pagar os US$ 10 milhões de juros, você receberá um lucro líquido de US$ 5 milhões sobre os US$ 15 milhões do novo negócio. Some aos US$ 6 milhões da antiga empresa e estará faturando um total de US$ 11 milhões. Ao fechar o negócio, seus ganhos líquidos quase dobram. Adivinhe quem irá receber uma polpuda bonificação no final do ano? Você, por sua brilhante administração do ativo da empresa.

Entre os bancos de investimento de Wall Street, o jogo de empréstimo foi levado ao extremo. Tome emprestados US$ 100 milhões a 5% de juros a curto prazo e empreste-os a 7% a longo prazo e, de repente, a empresa começa a lucrar US$ 2 bilhões por ano e a imprensa financeira estará comentando seu salário de US$ 50 milhões ao ano.

Agora já sabe por que os diretores tendem a obrigar as empresas a fazer empréstimos o máximo que podem para obter lucro.

No entanto, há uma pegadinha... e essa é grande. O que acontece se vier uma recessão, e a renda da empresa cair vertiginosamente, a ponto de não conseguir gerar recursos suficientes para pagar a dívida? Nesse caso, começaria a queimar o ativo até a economia voltar a prosperar, ou ser obrigado a abrir falência. Quando as empresas começam a falir, a antiga administração é a primeira a ser demitida.

Contudo, se a empresa não tivesse feito o empréstimo de US$ 100 milhões, quando a recessão aparecesse, tudo o que teria de fazer seria cortar a produção para atender a uma demanda menor e passaria a lucrar novamente. Sim, as pessoas teriam perdido os empregos, mas a sobrevivência da empresa não seria colocada em risco.

Quando Warren via uma empresa na década de 1950 ou 1960, sempre perguntava como conseguira atravessar a Grande Depressão. Conseguira se manter? Ou falira? Isso lhe revelava muito sobre a história da empresa e a necessidade de fazer empréstimos. Warren observa o desempenho histórico a longo prazo de uma empresa. Ele sempre menciona como as empresas que concentram os maiores investimentos, como a Coca-Cola e a Wells Fargo, têm mais de cem anos de história. São empresas que não apenas sobreviveram à Grande Depressão como irão sobreviver a futuras recessões também. Mas Warren mantém um olho no volume de dívidas de cada uma, sabendo que, em tempos difíceis, até a melhor das empresas pode sucumbir.

A Berkshire Hathaway de Warren há muito evita fazer empréstimos; se não puder pagar à vista, ele os descarta. Warren chega ao ponto de juntar dinheiro, se não houver um bom negócio, o que também protege a Berkshire em tempos difíceis. No auge da Grande Recessão de 2009, a Berkshire possuía pouquíssimas dívidas e uma reserva monetária razoável de US$ 20 bilhões em dinheiro. Isso deu a Warren muitas noites de sono tranquilo e poder econômico para tirar vantagem do preço baixo das ações durante o período de recessão.

Antigos administradores como Warren sempre relutam em fazer empréstimos para aumentar o faturamento. Já passaram por grandes revezes e aprenderam com a experiência. Porém, nos últimos quinze anos, o dinheiro rápido significava promoções rápidas e altas bonificações, então, a nova geração de administradores fez uma pilha de dívidas. Na Grande Recessão de 2009, muitos ficaram suspensos sobre o abismo da falência financeira e o final abrupto de suas breves carreiras brilhantes.

Às vezes, os cães mais velhos conhecem todos os truques.

CAPÍTULO 22

Boas ideias dão sempre resultado?

Uma boa ideia pode complicar sua vida muito mais do que uma má ideia.

– WARREN BUFFETT

Aqui Warren cita o falecido mentor, Benjamin Graham, que o ensinou a atentar para o perigo potencial de uma boa ideia. Diretores nunca aplicam ideias ruins; estas são natimortas. Mas aplicam as boas ideias e, se derem certo, elas se tornam uma instituição. Hipotecas *subprime* eram, no início, uma boa ideia; permitiam às pessoas com crédito adquirir casas e, assim, os corretores hipotecários ganhavam dinheiro. Porém, no final, indivíduos com históricos de crédito ruim conseguiram se qualificar para hipotecas desse tipo. Mais gente comprou casas e mais corretores hipotecários ganharam ainda mais dinheiro. Então, um dia, acordamos dentro de uma recessão e as pessoas começaram a perder os empregos e não tinham mais dinheiro para pagar as hipotecas. De repente, a grande ideia se transformou num desastre.

A mesma coisa aconteceu com a gigante de seguros AIG, que vendeu seguros para os bancos e outras instituições para cobrir o risco de inadimplência sobre um grande número de títulos de investimento corporativo. A AIG achou que o risco de milhares de empresas em todo o mundo falirem ao mesmo tempo era praticamente nulo, e os prêmios que os bancos e as instituições haviam desembolsado nunca teriam de ser pagos aos segurados. A AIG passou o chapéu, ganhou centenas de milhões em prêmios. Era um dinheiro fácil, com baixo risco.

Então, um dia, os bancos quiseram que a AIG fizesse seguros de vários grupos de empréstimos *subprime* que tinham sido reunidos como os títulos corporativos. A AIG imaginou que, se subscritar seguros sobre os títulos corporativos era fabricar uma tonelada de dinheiro para eles, subscritar seguros para um grupo de hipotecas *subprime* também seria rentável. Não se preocuparam, contudo, em calcular o risco de um grande grupo de hipotecas *subprime* se tornar inadimplente. E, assim, a recessão chegou e centenas de milhares de hipotecas *subprime* atrasaram, e os valores dos títulos *subprime* que a AIG havia segurado começaram a cair. Enquanto caíam, a AIG precisou adiantar cada vez mais garantias adicionais para bancar os contratos de seguro *subprime*. Então, as coisas pioraram ainda mais e a AIG ficou sem ativos para oferecer como garantia adicional. De repente, a empresa corria o risco de deixar de pagar todos os seus contratos de seguro *subprime* que vendera para as instituições financeiras de todo o mundo.

Se a AIG deixasse de pagar, todos os bancos e instituições para quem haviam vendido contratos ficariam com seus portfólios de títulos descobertos. Isso significa que os bancos e as instituições iriam perder cada dólar de queda de valor em seus portfólios de títulos – algo como não ter a casa segurada em caso de incêndio. A perspectiva da AIG de não adiantar mais garantias adicionais ameaçou deixar grande parte das instituições financeiras em estado de insolvência, o que significaria um total colapso da economia mundial. Eis por que o Tesouro dos Estados Unidos teve de emprestar US$ 85 bilhões à AIG – por haver risco de uma falência total.

No fim, uma grande ideia – segurar dívidas de investimento corporativo – fez com que a AIG segurasse grupos de hipotecas *subprime*, o que se tornou, no fundo, uma ideia muito ruim para a AIG e o resto do mundo.

Como diz Warren, uma boa ideia pode complicar sua vida muito mais do que uma má ideia.

CAPÍTULO 23

Como lidar com funcionários que agem ilegalmente

**Existe muito dinheiro a ser ganho no meio de campo.
Não há necessidade de correr por fora.**

– WARREN BUFFETT

Este é o conselho que Warren deu aos diretores de suas empresas após o escândalo da negociação de títulos do Salomon Brothers. O Salomon Brothers era um banco de investimento de Wall Street, famoso pelo destemor na negociação de títulos. No final da década de 1980, Warren investiu US$ 700 milhões nas ações preferenciais da empresa.

Em 1991, dois corretores do Salomon quebraram as regras de licitação do Tesouro dos Estados Unidos para comprar títulos do Tesouro. Eles foram pegos submetendo falsas ofertas para o Tesouro americano numa tentativa de obter uma parcela maior que o permitido da nova emissão de títulos do Tesouro. A administração do Salomon, ao descobrir as ações ilegais de seus corretores, não os denunciou à Comissão de Valores Imobiliários e ao Tesouro americano. Isso fez o Tesouro pensar em impedir o Salomon de negociar os títulos do Tesouro, o que seria um golpe mortal para o banco e o investimento de Warren. A pedido da diretoria do Salomon, Warren assumiu a presidência e imediatamente limpou a casa, removendo o CEO e os altos administradores envolvidos que supervisionavam os negociadores responsáveis pelas falsas ofertas. Também fomentou uma política transparente com o Tesouro americano, dando aos auditores livre acesso aos registros do Salomon. No final, o Salomon teve de pagar uma suntuosa multa de US$ 290 milhões, mas conseguiu continuar negociando com os títulos do Tesouro, o que significou continuar operante.

Warren passou essa lição aos seus administradores: ao mesmo tempo em que é importante ser agressivo para ganhar dinheiro, pode-se fazer isso dentro da lei. Quando os diretores quebram a lei para ganhar um dinheiro fácil, arriscam toda a empresa de uma só vez. No caso do Salomon, o negociante de títulos apostou a empresa por uma parcela um pouco maior do mercado de títulos do governo americano.

Como administradores, temos de ficar de olho nos funcionários para garantir que não ponham tudo a perder ao tentar alavancar suas carreiras. Quando pegamos funcionários agindo de forma ilegal, a primeira coisa a fazer é chamar a polícia. Não denunciá-los nos torna cúmplices. É uma lição difícil, se for aprendida dessa forma.

CAPÍTULO 24

Lidando com os próprios erros

Cometo muitos erros e ainda cometerei muitos outros no futuro. Isso faz parte do jogo. Apenas garanta que os acertos superem seus erros.

– WARREN BUFFETT

Ninguém é perfeito, nem mesmo Warren Buffett. Os erros fazem parte da vida e não há como escapar deles. O truque que não devemos esquecer é que os sucessos devem superar os erros. Inverta a equação e acabaremos em maus lençóis.

Entre os erros cometidos por Warren está pagar um preço alto demais por uma empresa – a ConocoPhillips e a então chamada USAir –; adquirir uma empresa falimentar – a Blue Chip Stamp –; não comprar a empresa certa no momento certo – ele, no início, deu as costas para a Capital Cities Broadcasting. Também cometeu alguns erros sérios ao lidar com os diretores – contratou a si mesmo para administrar as operações de seguros (o que acabou se provando má ideia). Para administrar a Dempster Mills, o primeiro administrador que contratou era incompetente; o segundo, excelente. Apesar disso, ele se tornou o homem mais rico do mundo.

O modo como Warren lida com os erros distingue-o dos concorrentes. Ele aprende com os erros, mas não se mortifica por causa deles. Aqueles que se mortificam com os erros perdem muito tempo e muita energia, que poderiam ser aplicados desenvolvendo outros modos de ganhar dinheiro e de desfrutar a vida.

Os erros estão no passado. É preciso lembrar as lições aprendidas, mas os erros devem ficar para trás, uma vez que todo o dinheiro a ser ganho está em algum lugar à frente, no futuro.

CAPÍTULO 25

Bajuladores – um bônus ou um ônus?

> Uma coisa é certa: se um CEO se sente entusiasmado em relação a uma aquisição especialmente tola, tanto a equipe interna quanto os consultores externos aparecerão com todo tipo de projeções necessárias para justificar aquele ponto de vista. Apenas em contos de fada os reis são avisados de que estão nus.
>
> – WARREN BUFFETT

Líderes adoram ser amados e, por causa disso, cercam-se de pessoas que concordam com tudo o que eles fazem. Essas pessoas ganham a vida dizendo ao chefe quão maravilhoso ele é, e como suas ideias são boas, mesmo quando isso não é verdade. Por que eles não são sinceros? Porque essa não é a função deles. A função deles é concordar com o chefe. Por isso, eles são regiamente recompensados.

Cada empresa tem bajuladores espalhados por toda parte, elogiando seu chefe e distorcendo a verdade. Contrate um consultor, e sua função será aconselhá-lo a fazer o que ele já queria fazer antes. Consultores que não concordam frequentemente com o chefe logo são demitidos. A grande maioria não gosta de pessoas "negativas" por perto.

O que há de errado em se cercar de pessoas que concordam com tudo o que você diz? Nada, até o desastre que poderia ter sido evitado cair no seu colo e a diretoria pedir sua demissão. Wall Street está cheia do que sobrou dos CEOs que deixaram os bajuladores convencê-los de que suas empresas conseguiriam administrar os riscos das consequências. Quando os CEOs descobriram que o risco não poderia ser administrado, era tarde demais.

A solução de Warren é cercar-se do menor número de pessoas possível; de fato, ele sempre diz que uma decisão de grupo deve ser tomada olhando-se para o espelho. Ele também procura o conselho do vice-presidente da Berkshire, Charlie Munger, que discorda do mesmo modo que é capaz de concordar. Warren vê Charlie como "o homem que diz não" e, apesar da popularidade de Charlie nunca crescer, Warren escapou de enrascadas várias vezes.

CAPÍTULO 26

Aprenda com as oportunidades perdidas

Como os erros cometidos por omissão não aparecem nos balanços financeiros, a maioria não presta atenção neles. Sempre menosprezamos os erros cometidos por omissão.

– WARREN BUFFETT

Até os melhores administradores perdem oportunidades e isso, em geral, passa totalmente despercebido. No mundo dos investimentos e administrando a Berkshire, Warren admite ter perdido mais oportunidades do que deveria – ele lamenta não ter entrado antes na Wal-Mart e na Walgreens. Quando Warren perde uma oportunidade, ele gosta de passar algum tempo pensando por que não a percebeu ou por que não fez nada quando a descobriu. Ele faz isso para reavaliar a situação e não repetir o erro no futuro.

No mundo de Warren, há dois tipos de oportunidades perdidas: as que perdemos porque não vimos; e as que vemos, mas não fazemos nada em relação a elas. Essas são as mais frustrantes, pois estão bem à nossa frente.

Se a oportunidade não estava à vista, a solução é aumentar nosso campo de pesquisa. Há um mundo de negociantes empresariais e banqueiros de investimento que ficariam muito felizes em nos apresentar oportunidades de negócios em potencial.

Quanto às oportunidades que vimos, mas não fizemos nada em relação a elas, a razão mais comum para termos perdido é errarmos no cálculo do risco envolvido. Essas são oportunidades que gostaríamos de ter aproveitado, mas nos equivocamos ao julgá-las arriscadas demais.

Erros de omissão devido ao erro de cálculo do risco envolvido são os mais fáceis de compreender: reunimos todas as informações que tínhamos disponíveis e fazemos um julgamento baseado nessas informações. Se não temos as informações corretas, não podemos julgar de forma competente. Eis por que Warren deixa os administradores de suas empresas individuais tomarem até mesmo as decisões mais importantes em relação às empresas que administram. Ele acredita que os diretores conheçam seu jogo melhor do que ele.

Erros de omissão que ocorrem por não estar com os olhos abertos para as oportunidades estão diretamente relacionados com nossa capacidade administrativa e senso organizacional. Um bom administrador está sempre procurando uma oportunidade e possui a infraestrutura necessária para auxiliá-lo.

Os melhores administradores seguem o exemplo de Warren – examinam as oportunidades que perderam e se perguntam por que as deixaram passar. Então, da próxima vez, é possível que não as deixem escapulir.

CAPÍTULO 27

Aposte no que for comprovado e verdadeiro

> Você não precisa pensar em tudo. Isaac Newton disse: "Conheci um pouco mais do mundo por estar no ombro de gigantes". Não há nada de errado em ser levado no ombro de outra pessoa.
>
> – WARREN BUFFETT

Um dos grandes erros dos jovens administradores é pensar que precisam ter uma ideia original ou um arroubo de genialidade para catapultá-los ao topo de sua carreira. Essas ideias brilhantes, mais do que se pensa, provocam gastos astronômicos.

Warren descobriu que as melhores ideias tanto na vida empresarial quanto na pessoal são as comprovadas e verdadeiras, nas quais a chance de não dar certo é quase nula. De onde vêm essas ideias comprovadas? Elas vêm de outras pessoas e de empresários que as empregaram com sucesso.

Observando empresas bem-sucedidas, podemos conseguir dezenas de grandes ideias de como fazer algo do modo certo; observando empresas falidas, aprendemos como é fácil cometer um erro.

Miles Davis, o grande jazzista, certa vez disse: "Pequenos artistas tomam emprestado, grandes artistas roubam". O mesmo pode ser dito de grandes administradores. Se virmos uma grande ideia, devemos adotá-la e aplicá-la imediatamente. Onde encontramos essas ideias maravilhosas? Observando a concorrência para saber o que eles estão fazendo corretamente e o que fizeram de errado.

Rose Blumkin, fundadora da Nebraska Furniture Mart na década de 1930, trouxe da Rússia um simples conceito de *merchandising*: conceder descontos nos preços proporcionalmente ao aumento de volume, passando a aplicá-los na loja. Os comerciantes locais tradicionais recusaram-se a conceder descontos e Rose arrebatou a fatia de mercado deles de tal forma que a processaram por comerciar de modo ilegal. Sua defesa foi muito simples: os outros comerciantes cobravam caro demais. O juiz decidiu a favor de Rose e, no dia seguinte, foi com a mulher à loja de Rose comprar tapetes para sua casa. Rose não inventou o desconto: ela tomou emprestada uma ideia dos comerciantes russos e aplicou-a para ganhar dinheiro em seu novo lar nos Estados Unidos.

Jack Ringwalt possuía uma pequena companhia de seguros, a National Indemnity, na cidade natal de Warren, Omaha. Jack dirigia a empresa de olho nos custos e era obsessivamente disciplinado para fazer subscrições: só emitia um seguro se fosse ganhar algum dinheiro. Se as taxas caíam, simplesmente suspendia a emissão de apólices, mesmo que sua equipe parasse de trabalhar por não ter o que fazer – o que podia aguentar por ter reservado um bom capital excedente nas épocas mais prósperas. Certa vez, disse a Warren: "Não existe risco ruim. Há apenas taxas ruins". Jack ficou rico dirigindo a empresa dessa forma. Quando Warren comprou a National Indemnity, não só manteve a filosofia de Jack de emitir subscrições disciplinadas, como aplicou-a em toda companhia de seguros em que investiu depois disso. A subscrição disciplinada permitiu à Berkshire crescer, passando de uma pequena companhia de seguros em Omaha para uma das maiores operadoras de seguros do mundo.

Não é preciso subir ao pico do Everest para checar se é alto, e não é preciso ser um gênio para descobrir um grande diretor ou uma empresa bem administrada. Contudo, assim que os vir, preste atenção, e comece a aprender com esses profissionais. Se funciona para Warren, também funcionará para você.

CAPÍTULO 28

Suba na vida

É bom estar na companhia de pessoas melhores que você. Tenha sócios que se comportem melhor do que você e acabará fazendo o mesmo.

– WARREN BUFFETT

De acordo com Warren, na administração de nossa vida pessoal, somos iguais aos que nos cercam. Andar com pessoas medíocres nos levará para baixo, enquanto conviver com pessoas inteligentes e educadas nos puxará para cima.

Warren passou muito tempo da adolescência em pistas de corridas de cavalo, onde aprendeu a calcular probabilidades. No entanto, em vez de se deixar levar por uma vida de jogos de azar, foi capaz de aplicar o conhecimento obtido na faculdade e na pós-graduação. Ali encontrou mentores mais velhos e mais sábios, que se interessaram por ele e o conduziram ao mundo das finanças e dos investimentos. Ele subiu um degrau.

No começo da carreira, dirigindo uma empresa de investimentos, Warren cultivou amizades com a elite empresarial de Omaha. Entre elas, Nick Newman – que usou as técnicas de armazenagem desenvolvidas na Segunda Guerra Mundial para criar uma moderna rede de supermercados – e Jack Ringwalt, fundador da National Indemnity Company, que apresentou a Warren o conceito da subscrição disciplinada. Mais tarde, conviveu por um tempo com Katharine Graham, dona do *Washington Post*, e Bill Gates, fundador da Microsoft. Essas amizades renderam frutos para Warren ao longo dos anos e lhe apresentaram modelos empresariais criativos e bem-sucedidos para serem seguidos.

A lição de Warren é: somos iguais às pessoas a quem nos associamos. Mire alto em suas associações e alcançará o topo. Mire baixo e jamais saberá aonde poderá chegar.

CAPÍTULO 29

"Administre-se" para enfrentar a inflação

> Nosso maior ativo numa época de inflação é nosso poder de ganho. Qualquer coisa que façamos para melhorar nossas qualidades e aumentar nosso valor trará recompensas em termos de poder real de compra. Se formos bons no que fizermos, seja como jogadores de beisebol ou como assistentes em uma empresa, não importa o que façamos, somos nosso maior ativo.
>
> – WARREN BUFFETT

Warren diz que devemos pensar em nós mesmos como se fôssemos empresas. Embora não pareça, somos uma empresa com uma infinita capacidade de ganho, e nosso maior ativo somos nós mesmos.

Quando somos jovens e inexperientes, nossa empresa não fatura muito, mas quanto mais estudo e experiência adquirirmos, maior será nosso potencial de ganho. Estudo e experiência são chaves que fazem com que nossa empresa prospere e progrida.

Seja como contador ou cantor de rock, todos começam por baixo e trabalham para subir. Sim, papai pode ter aberto uma ou duas portas para nós, mas a realidade é que, para chegar ao topo e ficarmos por lá, devemos ter a energia e a força para nos superarmos em nossos campos profissionais.

Warren acredita que devemos tomar conta de nossa empresa, o que significa cuidar da saúde e estudar bastante. Devemos encontrar modos de melhorar o potencial de ganho e protegê-lo de problemas. Quando precisamos ficar à frente nas épocas de inflação, nada supera nosso potencial de ganho.

Quanto mais singular for nossa empresa, mais liberdade de elevar os preços teremos. Pessoas nessas posições sempre se protegeram contra a inflação, pois a falta de concorrência permite-lhes cobrar mais caro pelos seus serviços.

A regra aqui é muito simples: cada um é uma entidade econômica com grande potencial de ganho. Se nos educarmos e zelarmos por nós mesmos, nosso potencial econômico será infinito e não somente nos fará superar a inflação como poderá nos deixar ricos.

CAPÍTULO 30

Administrando os empréstimos pessoais

Não se pode tomar dinheiro emprestado a 18% ou 20% e se dar bem. Eu não consigo – iria logo à falência. Então, fique longe de dívidas o máximo que puder. Quando tiver um dinheiro para dar de entrada e encontrar a casa de seus sonhos, compre-a. Mas faça isso apenas quando puder administrar essa dívida. Assuma uma obrigação que consiga administrar e descarte as outras.

– WARREN BUFFETT

O varejo deixou de nos vender produtos para nos vender o dinheiro com que comprar os produtos. O comerciante moderno fatura emprestando aos clientes o dinheiro para fazerem compras. Os comerciantes costumavam ganhar dinheiro elevando os preços das mercadorias, mas na era dos grandes descontos e concorrências acirradas, essas margens de lucro aos poucos se reduziram. Mas imagine se puder ganhar não apenas na venda dos produtos, mas também emprestando ao cliente o dinheiro para que ele possa comprar? Ganha-se duas vezes: quando o cliente pega emprestado e quando ele gasta. Quando as empresas descobriram que podiam fazer empréstimos entre 18% e 20%, calcularam rapidamente que poderiam ganhar mais dinheiro concedendo empréstimos do que vendendo produtos.

As companhias de cartão de crédito descobriram isso há anos. Elas financiam a compra até mesmo dos menores itens, porém se não pagarmos o total da fatura ou se perdermos o vencimento, elas estarão no direito de cobrar juros astronômicos. Isto não é apenas um bom negócio: é um grande negócio e os comerciantes seguiram a receita. Lojas de móveis, de eletrodomésticos e de computadores hoje são todas bancos disfarçados. Estão muito mais propensas a financiar a compra da sua nova TV ou geladeira do que deixá-lo pagar à vista. Para facilitar esse esquema de ganho, o comerciante moderno lhe oferece o produto sem adiantamento e sem pagamento nos primeiros sessenta dias, se assinar um contrato de empréstimo.

O conselho de Warren é ficar fora desse jogo e evitar qualquer empréstimo que não possa pagar sem aperto. Quanto se pode evitar? Warren pagou US$ 34 mil para comprar sua primeira casa e ainda mora nela. Dirigiu o mesmo carro barato por muito tempo depois de ter se tornado milionário. Sendo conservador com seu dinheiro e não gastando demais, acumulou valores excedentes para poder investir. Investiu bastante e tornou-se super-rico. Fez isso enquanto outros estavam ocupados aumentando as dívidas para viver em casas cada vez maiores e melhores e dirigindo carros cada vez maiores e mais modernos. Pense na fábula da lebre e da tartaruga. A lebre acumulou cada vez mais dívidas para viver mais rapidamente, enquanto a lenta tartaruga vivia abaixo de seus ganhos, investindo a diferença em seu futuro. Então, vem a recessão e a rápida lebre se arrebenta e cai num poço de dívidas, enquanto a tartaruga, livre de dívidas, segue seu caminho.

Lembre-se: tomar menos dinheiro emprestado e economizar mais é o caminho para a riqueza e um sono profundo à noite. Tomar mais dinheiro emprestado e economizar menos leva a tempos de tortura e angústia.

Conclusão

Gostaríamos de agradecer aos leitores que nos acompanharam nessa jornada explorando os segredos administrativos de Warren Buffett. Para aqueles que estiverem interessados nos métodos de investimentos de Warren, recomendamos nossos outros cinco títulos – *Buffettologia, O Livro de Exercícios da*

Buffettologia, A Nova Buffettologia, O Tao de Warren Buffett e *Warren Buffett e a Análise de Balanços.*

Para aqueles que tiverem perguntas específicas, entrem em contato ou escrevam-nos diretamente para:

marybuffettology@gmail.com
davidbuffettology@gmail.com

Podemos demorar um pouco para responder, mas asseguramos que suas ideias e pensamentos são muito importantes para nós. Esperamos receber sua mensagem.

Sinceramente,

Mary Buffett e David Clark

GLOSSÁRIO DE TERMOS E EMPRESAS

Balanço/Balancete: Resumo do ativo, passivo e bens da empresa em determinada data, como, por exemplo, no final do ano fiscal. Um balanço é normalmente descrito como um instantâneo da situação financeira de uma empresa num único dia do ano. Não existe balancete para um período mais longo. Um balanço informa quanto se tem e quanto se deve. Subtraia os dois valores para saber o valor da empresa.

Benjamin Moore: Empresa fundada há 127 anos que produziu e vendeu a tinta usada para pintar praticamente todas as casas nos Estados Unidos. Warren fez a Berkshire comprar a empresa para acrescentá-la à sua coleção de grandes companhias, já que tinta é um produto do qual ele entende, pois não exige muitas atualizações com o tempo.

Berkshire Hathaway: Empresa têxtil de economia pública que Warren assumiu no início da década de 1960 e que se tornou uma *holding* para o império em expansão das empresas que comprou, tanto parcial quanto integralmente, ao longo dos 45 anos seguintes.

Blue Chip Stamp: Empresa de selos de comércio, que Warren fez a Berkshire adquirir e administrar durante 35 anos. Ela se provou um péssimo investimento, cujas vendas despencaram de US$ 126 milhões em 1970 para US$ 25.920 em 2006.

Rose Blumpkin: Também conhecida como a "Sra. B.", imigrante russa e fundadora da Nebraska Furniture Mart. Uma profissional que amava tanto o trabalho que ficou na empresa até os 104 anos de idade.

Borsheim's Fine Jewelry: Joalheria de Omaha, Nebraska, comprada por Warren através da Berkshire Hathaway em 1989.

BUFFALO EVENING NEWS: Monopólio jornalístico em Buffalo, Nova York, e uma das primeiras empresas que a Berkshire adquiriu depois de Warren ter assumido seu comando. Quando Warren comprou o *News*, a cidade de Buffalo tinha apenas dois jornais em circulação, e nenhum era rentável. O *Buffalo Evening News* enfrentou a concorrência e venceu. Rendeu muito dinheiro à Berkshire.

BURLINGTON NORTHERN SANTA FE RAILWAY OU BNSF RAILWAY: Uma das quatro estradas de ferro transcontinentais americanas remanescentes, que possui apenas uma concorrente para o transporte de carga para a Costa Oeste americana. Warren conseguiu que a Berkshire Hathaway adquirisse uma grande quota de ações da ferrovia no final da primeira década do milênio.

CAPITAL DE INVESTIMENTO: Para crescer, as empresas precisam de capital que pode ser gerado internamente, vendendo produtos e serviços, ou externamente, por meio de financiamento e/ou pela venda de ações da empresa a investidores.

CAPITAL: Normalmente entendido como capital financeiro, que corresponde a dinheiro ou um substituto semelhante investido na empresa. Também pode corresponder a bens de capital, utilizados para criar produtos e serviços para serem vendidos.

CARGA ELEVADA DE ENDIVIDAMENTO: Qualquer valor de dívida que trará problemas para a empresa nos altos e baixos da economia a longo prazo.

CICLOS ECONÔMICOS: As economias passam por altos e baixos. Num período de alta, a economia cresce e normalmente é marcada por baixos índices de desemprego e de inflação e altas taxas de juros. Os períodos de baixa são marcados por uma economia recessiva, altos índices de desemprego e baixas taxas de juros.

CLAYTON HOMES: Maior empresa americana fabricante de casas pré-fabricadas. Foi adquirida pela Berkshire Hathaway em 2003.

Coca-Cola Company: Maior empresa de bebidas do mundo, na qual Warren fez a Berkshire investir no final da década de 1980.

Comprador de baixo custo: Aquele que pode adquirir produtos a um preço mais baixo que seus concorrentes.

Conglomerado multinacional: Empresa com operações em diversos continentes.

ConocoPhillips: Empresa internacional de energia em que Warren investiu por meio da Berkshire durante um período de aumento dos preços de petróleo no final da década de 2000. Ele admitiu que pagou um preço alto demais nesse investimento.

Custo dos bens vendidos: O custo do estoque vendido em determinado período, ou o custo de matérias-primas e fabricação do produto final.

Declaração de rendimentos: Apresenta a receita e as despesas da empresa durante determinado período. Mas atenção: Warren descobriu que a declaração de rendimentos de apenas um ano nos diz muito pouco. Precisamos checar demonstrações financeiras de cinco até dez anos antes, se quisermos descobrir se a empresa possui uma vantagem competitiva duradoura.

Delegar autoridade: Quando um diretor sênior confere a um diretor subalterno poderes para agir em seu nome.

Dempster Mills Manufacturing: Moinho situado no Nebraska, no qual Warren fez a empresa investir em 1961 e, por fim, assumir o controle. Dempster parecia uma barganha, mas acabou se tornando uma empresa de baixo retorno, com muitos problemas e que precisava de mudanças administrativas.

Dívida: Empréstimo de dinheiro para aumentar o poder de ganho do ativo da empresa, mas que pode se tornar um fardo se não forem pagas as parcelas do financiamento do empréstimo.

ECONOMIA EMPRESARIAL PRECÁRIA: Economia empresarial marcada por pequenas margens de lucro, excesso de dívidas, queda de vendas e ganhos erráticos.

ECONOMIA SUPERIOR: Economia de uma empresa que apresenta altos rendimentos de patrimônio líquido, acima da média das margens de lucro, e baixos índices de endividamento.

EMPRESA CERTA: No mundo de Warren, a empresa certa é a que possui uma vantagem competitiva duradoura.

EMPRESAS COM POUCO OU NENHUM DÉBITO: São empresas especiais, que geram tanto dinheiro que não precisam fazer empréstimos.

ESTAR NA MENTE DO CONSUMIDOR: O mesmo que ter um produto de marca – quando o consumidor quer satisfazer determinada necessidade, pensa no seu produto.

ESTOQUE: Produtos de uma empresa finalizados ou pré-finalizados, que serão vendidos aos seus clientes.

FLIGHTSAFETY INTERNATIONAL INC.: Empresa que faz o treinamento de pilotos profissionais de avião, subsidiária da Berkshire Hathaway.

FOREST RIVER: Fabricante americano de veículos de passeio e automotivos adquirida pela Berkshire Hathaway em 2005.

FRUIT OF THE LOOM: Fabricante americana de roupas, inicialmente de lingerie, adquirida pela Berkshire Hathaway em 2001.

GANHOS ANUAIS ERRÁTICOS: Ganhos anuais inconstantes e inconsistentes, que normalmente indicam que a empresa não possui qualquer vantagem competitiva duradoura.

GEICO: Companhia de seguros de veículos que chamou a atenção de Warren quando ele estava com pouco mais de vinte anos de idade e que, mais tarde, fez a Berkshire adquirir. Tony Nicely, que dirige a Geico e trabalha na empresa desde 1961, não saberia o que fazer se viesse a se aposentar (ele realmente adora seu emprego).

GLOSSÁRIO | 101

Giro de estoque: Índice usado para demonstrar o número de vezes que uma empresa vende seu estoque integral ao longo do ano.

H&R Block: Empresa auditora americana com cinquenta anos de existência e mais de 22 milhões de clientes. Companhia em que a Berkshire investiu no final da década de 1990.

Helzberg Diamond Shops: Cadeia nacional de joalherias com noventa anos de existência adquirida pela Berkshire Hathaway em 1995.

Investidor a longo prazo: Investidor com prazo de investimento superior a cinco anos.

Johns Manville: Empresa americana que fabrica isolamento, materiais de cobertura e produtos pré-manufaturados adquirida pela Berkshire Hathaway em 2001.

Johnson & Johnson: Empresa mundial fabricante de produtos farmacêuticos ao consumidor, fundada em 1886. A J&J é uma empresa em que a Berskshire Hathaway possui considerável participação acionária.

Jordan's Furniture: Revendedora de móveis, fundada há noventa anos, que domina o mercado do leste de Massachusetts e do sul de New Hampshire. Empresa adquirida pela Berkshire Hathaway em 1999.

Kraft Foods: Maior empresa americana de alimentos e bebidas e a segunda maior do mundo. A Berkshire Hathaway adquiriu 8% da empresa em 2008.

Margem de lucro: Lucro líquido dividido pela receita, multiplicado por 100%. Uma baixa margem de lucro indica uma baixa margem de segurança: há maior risco de uma queda nas vendas eliminar os lucros e gerar um prejuízo líquido.

McLane Company: Empresa de serviços de suprimento em rede, altamente rentável, de US$ 30 bilhões. Fornece gêneros alimentícios e serviços de alimentação em cadeia para milhares de lojas de conveniência, comércios populares, drogarias, bases militares e redes de restaurantes pelos Estados Unidos. Foi adquirida pela Berkshire Hathaway em 2003.

Mercado altamente competitivo: Qualquer mercado em que as empresas concorrem apenas a partir dos preços dos produtos.

Merck & Company: Uma das maiores empresas farmacêuticas do mundo.

Microsoft: Empresa multinacional de informática fundada por um dos amigos de Warren, Bill Gates.

MidAmerican Energy Holdings: Subsidiária da Berkshire e *holding* que reúne a MidAmerican Energy Company, PacifiCorp, CE Electric UK, CalEnergy Generation, Kern River Gas Transmission Company, Northern Natural Gas Company e HomeServices of America, Inc.

Moody's: *Holding* da Moody's Investors Service, que realiza pesquisa e análise financeira de entidades comerciais e governamentais. A empresa também classifica a capacidade de crédito de mutuários, utilizando uma tabela de classificação padronizada. A empresa possui 40% do mercado de classificação de crédito. Warren investiu várias vezes na empresa ao longo de sua carreira.

Nebraska Furniture Mart: Subsidiária da Berkshire Hathaway, localizada em Omaha, Nebraska. Começou como uma pequena empresa na década de 1930, fundada por Rose Blumpkin, conhecida como Sra. B., imigrante russa. Possivelmente a maior loja de móveis do mundo, com as melhores margens de lucro. A Sra. B. dizia que o segredo estava na aquisição: ela comprava em grandes quantidades e sempre pagava à vista. Ela também era proprietária do imóvel, o que ajudava a reduzir custos. Custos mais baixos significam preços mais baixos para os clientes, o que fez com que a NFM ganhasse uma fatia maior do mercado de comércio de móveis de Omaha.

Patrimônio líquido: Valor líquido de uma empresa. Total de ativo − total do passivo = patrimônio líquido.

Pedra filosofal: Instrumento que os alquimistas utilizavam para tentar transformar metal em ouro. Algo que Warren conseguiu fazer durante a loucura que atacou Wall Street.

Ponto de controle: Termo utilizado em psicologia para se referir a quanto as pessoas acreditam conseguir controlar os acontecimentos de sua vida.

Produto de marca: O primeiro produto que vem à sua cabeça quando você tem uma necessidade ou, como diz Warren, que "está na sua mente". Produtos de marca podem ser verdadeiras minas de ouro quando caem na preferência dos consumidores.

Receita: A auferida pela empresa por meio de suas atividades comerciais normais. No Reino Unido, a receita (*revenue*) é chamada de volume de negócios (*turnover*).

Recessão: Denominação de uma retração da economia do país ou do mercado. Durante a recessão, o emprego, o gasto em investimentos, a renda familiar, os lucros empresariais e os valores das ações entram em queda. Warren sempre usa o período de recessão como oportunidade para comprar empresas e ações.

Reequipar fábricas e atualizar equipamentos: Quando os produtos precisam mudar, as empresas devem reequipar as fábricas e atualizar os equipamentos para produzir os novos produtos. Isto, evidentemente, custa dinheiro e reduz o capital para aquisições e outras formas de expansão dos negócios. Warren nunca foi fã de empresas que precisem continuamente reequipar as fábricas e atualizar equipamentos para se manter no mercado.

SERVICEMASTER: Empresa privada apontada entre as quinhentas maiores pela revista *Fortune*. Fornece vários serviços a empresas e residências. As marcas operadas pela ServiceMaster incluem: TruGreen ChemLawn, Terminix, American Home Shield, Furniture Medic, AmeriSpec, ServiceMaster Clean, InStar Services Group e Merry Maids.

TAXA ANUAL DE CRESCIMENTO COMPOSTA: Taxa anual de crescimento de um lote de capital ao longo de alguns anos. É composta pois o capital ganho é acrescentado ao lote para continuar crescendo. A taxa anual de crescimento é a taxa anual de crescimento composta.

TESTE DE MARGEM DE LUCRO BRUTO: Lucro bruto de vendas. Vendas − custo de mercadorias vendidas = Lucro bruto.

VANTAGEM COMPETITIVA DURADOURA: Vantagem duradoura que a empresa possui dentro do mercado, o que significa que poderá ser mantida por um prazo mais longo. Warren acredita que a vantagem competitiva duradoura seja o segredo para o sucesso de investimentos a longo prazo.

WAL-MART: Marca da Wal-Mart Stores Inc., uma empresa americana que administra uma grande cadeia de lojas populares de departamentos. É a empresa de maior receita no mundo.

WELLS FARGO: Segundo maior banco americano de depósitos, financiamentos de hipotecas residenciais e transações de cartões de débito. Em 2007, o único banco nos Estados Unidos classificado como AAA pela S&P, embora tenha caído para AA − devido à crise financeira de 2008. Berkshire detém 7,2% da Wells Fargo.

WRIGLEY'S: Marca da Wrigley Gum, fabricada pela William Wrigley Jr. Company, fundada em primeiro de abril de 1891. Originalmente a empresa vendia produtos como sabão e fermento. Em 1892, William Wrigley Jr., o fundador, passou a oferecer uma goma de mascar em cada lata de fermento em pó. A goma de mascar passou a ser mais popular que o fermento, e a Wrigley's redirecionou a empresa para produzir o famoso chiclete. Hoje vende produtos em mais de 180 países.

Leia também

7 Segredos para Investir como Warren Buffett

CONHEÇA OUTROS LIVROS
DA **ALTA BOOKS**

Todas as imagens são meramente ilustrativas.

PUBLIQUE
SEU LIVRO

Publique seu livro com a Alta Books.
Para mais informações envie um e-mail
para: autoria@altabooks.com.br

Projetos corporativos e edições personalizadas
dentro da sua estratégia de negócio. Já pensou nisso?

Coordenação de Eventos
Viviane Paiva
viviane@altabooks.com.br

Assistente Comercial
Fillipe Amorim
vendas.corporativas@altabooks.com.br

A Alta Books tem criado experiências incríveis no meio corporativo. Com a crescente implementação da educação corporativa nas empresas, o livro entra como uma importante fonte de conhecimento. Com atendimento personalizado, conseguimos identificar as principais necessidades, e criar uma seleção de livros que podem ser utilizados de diversas maneiras, como por exemplo, para fortalecer relacionamento com suas equipes/ seus clientes. Você já utilizou o livro para alguma ação estratégica na sua empresa?

Entre em contato com nosso time para entender melhor as possibilidades de personalização e incentivo ao desenvolvimento pessoal e profissional.

 /altabooks   /alta-books   /altabooks   /altabooks

Este livro foi impresso nas oficinas gráficas da Editora Vozes Ltda.,
Rua Frei Luís, 100 – Petrópolis, RJ.